真宗文庫

浄土真宗の教え

—真実の教・行・信・証—

宮城　顗

東本願寺出版

目次

◉真実の証……133

・本文中の真宗聖典とは、東本願寺出版発行の『真宗聖典』を指します。

真実の教

一　真宗の教えとは

　真宗《しんしゅう》の教えを学ぶ時の根本聖典で、親鸞聖人《しんらんしょうにん》の著作である『顕浄土真実《けんじょうどしんじつ》教行証文類《きょうぎょうしょうもんるい》』（教行信証《きょうぎょうしんしょう》）の最初の「教巻《きょうのまき》」には、「それ、真実の教《きょう》を顕《あらわ》さば、すなわち『大無量寿経《だいむりょうじゅきょう》』これなり」（真宗聖典一五二頁）と掲げられ、『大無量寿経』とはどういうお経かということが釈迦《しゃか》・弥陀《みだ》、二尊《にそん》の徳をもって語られています。一言で言えば、本願《ほんがん》が説かれている経典です。

『無量寿経《むりょうじゅきょう》』、『観無量寿経《かんむりょうじゅきょう》』、『阿弥陀経《あみだきょう》』を浄土三部の経典、「三部経《さんぶきょう》」と言います。「真実の教を顕さば、すなわち『大無量寿経』これなり」と言われる『大無量寿経』とは、ともすると『無量寿経』の別称と考えてしまいます。しかし、親鸞聖人がここで言われている『大無量寿経』とは、三部の経典『無量寿経』、『観無量寿経』、『阿弥陀経』となって、本願が私たちにまで届けられたという広い歩みを持った経典、その全体を押さえられているわけです。

親鸞聖人は言葉に非常に厳密《げんみつ》な方で、他の所では非常に長い古い経典の名前でも全部正確に書いておられます。ですから、その親鸞聖人がいちばん大事な所で略称を用いられるはずがないのです。

『無量寿経』に本願が説かれ、その本願が一人の人間の、具体的には韋提希《いだいけ》という一人の凡夫《ぼんぶ》を通して、本願がどのようにして私たちの生活の事実になるのかを説かれた『観無量寿経』、そしてその本願を十方の諸仏《しょぶつ》方が正しい教え、それこそ真の教えだと讃嘆《さんだん》する経典が『阿弥陀経』です。その三部の経典となって私たちの上にはたらいてくださっている経典を『大無量寿経』と押さえてくださっているのです。その三部の経典によって、「真宗」という宗の名のりが立てられてくるわけです。

その「真宗」とはどういう教えかということを、非常に具体的に私に教えてくださった人がいました。私が本山の教学研究所に勤めていた時のことです。研究所の隣りには高倉会館という建物があり、毎日そこで法話会が開かれていました。私もその場でお話をする機会を幾度となくいただきました。そこで、いつも前に座って話を聞いてくださっている一人のお婆さんがおられました。夜には「高倉同朋《どうぼう》の会」という集《つど》いがあり、話の後に座談会があるのですが、そこでそのお婆さんも発言をされ、それがまことにきちっと本筋を押さえた話で感心したことを覚えています。

ある時、そのお婆さんが私の控え室に来られ、「私の家は代々真言宗《しんごんしゅう》なのですが、私は真言宗ではどうしても救われません。縁があってこの高倉会館で親鸞聖人の話を聞くようになって、私にはこの道しかないとどうしても思うので、なんとか真宗門徒になりたいのです。どうすればいいでしょうか」という相談でした。できれば私の寺の門徒にして欲しいということでしたので、今までお世話になったお寺、それからご家族の了解を得て、その上でまたお話をお聞きしましょうということでお別れをしました。

　ご家族の了解を得るため、そのお婆さんは御子息方《ごしそく》に話をされたようです。御子息方といっても四十、五十の年齢の方々で、お医者さんや貿易会社に勤めておられ、普段はそういう仏事《ぶつじ》はお婆さんに全部まかせっきりで、まったく無関心だったそうです。ですので、自分が「替わりたい」と言えば「勝手にすればいい」と言ってくれるかと思っていたら、「代々真言宗のお寺に世話になってきて、お母さんの考え一つでそれを替えるというのはどういうことだ。それはおかしい」と猛烈《もうれつ》に反対されたそうです。それでそのお婆さんは困られたのですが、困ると同時に子供たちもただ無関心ではなかったのだということが分かり、逆にそのことは嬉しかったそうです。しかし、やはり自分は真言宗では救われないという思いが動きませんから、繰り返しそのことをお話になっていたようです。

　そうしたある時、お婆さんは体の調子が悪くなり、病院で診てもらうと胃《い》癌《がん》ですぐに手術をしなければならなくなりました。入院していよいよ手術を受けるという前に、あらためてもう一度御子息方に、替わりたいという願いを言われたそうです。そこまで思い詰めているのならと、私のお寺へ来られました。そこでお勤めをして、御門徒としての歩みがはじまったのです。そして、お婆さんが帰られる時、「これで安心して悶《もだ》えていくことができます」と言われました。

仏教の流れは聖道門《しょうどうもん》と浄土門《じょうどもん》とに別れます。真宗は浄土門で、真言宗は大きく言えば聖道門です。真言宗にしても天台宗《てんだいしゅう》にしても、聖道門というのは、私たちが修行を積み善根《ぜんごん》を積み聖《ひじり》にまでなっていく道です。いろんな煩悩《ぼんのう》を持ち、いろんな過《あやま》ちを犯し、思い悩んでいる凡夫が、仏法を学び、仏法を実践し、善根を積み、向上していく道です。言うならば、それは美しく清らかで強い人間になっていく道です。そこには、人間が本当に強い志《こころざし》を持って仏道に努《つと》めれば、人間はみんな清く美しく正しい存在になれるという、またならなければならないという人間に対する見方が根っこにあります。

それに対してそのお婆さんは、そういう清く美しく正しい者が救われるという道は、私には道としてうなずけないと言っておられるのです。どう自分を振り返ってみても、決して清く美しく正しくなどということでは生きていけないし、生きてはいないと言っておられるのです。そしてこの年齢になって、またいろんな牛活の問題を抱えて、今から清く美しく正しくなれると言われてみても、どうにもならないのです。

親鸞聖人の時代に京都の町々で人々が歌っていた詩が集められて、『梁塵《りょうじん》秘抄《ひしょう》』という本になっております。その中に「はかなき此《こ》の世を過《す》ぐすとて、海山《うみやま》かせぐとせし程に、萬《よろず》の佛《ほとけ》に疎《うと》まれて、後生《ごしょう》我が身をいかにせん」という詩があります。魚や動物を獲って生活をしていることは、いわゆる教えが禁じている殺生《せっしょう》を重ねていくことです。清く美しく正しくということから言えば、決して自分を清く正しい者とは言えないのですが、それをしなければ生きていけないのです。そこに「萬の佛」に疎まれた者として、我が身の後生をどうすればいいかという、言うならば絶望の詩です。とてもでないが、仏の世界へ生まれることはできないし、地獄に落ちることはもう目に見えているというのです。

そういう問題が、聖道門にはあるわけです。そこに説かれていることは、真《まこと》なるもの、真《しん》の教え、言うなれば真理《しんり》です。ただその真理が、これこそが真理だと名のっていても、普通の人々のようにその真理を自分の道として歩めない者にとっては、絶望を生み出すだけです。あそこに真理の高く掲げられた世界があり、そこに行けばその真の教えが聞けるのだが、そこには自分は行けないとなれば、その救われる道がそこにあっても私の事実にならないわけです。

「真実」と書きますが、これは真理が私の事実になるということです。「真実」という二つの字で、ただ真理、真、本当の事と一口で言ってしまいますが、分けて言えば「真理が私の身の上に事実となってはたらく。そして、この私を歩ませる」ということです。真理であるかもしれないが、私の事実にならない時には、私にとっては道ではないのです。

　真理をいかにしてもすべての人々の上に事実として届け、開いていこうという仏の歩みが方便《ほうべん》です。方便というのは、〝嘘《うそ》も方便〟とも言いますから、真実でないことのように思いますが、真なるものを実にする歩みです。真の教えというものを、私の事実、私の生活の事実にまで開いていこうということです。どこまでも人間に近づき、それがどんなに愚《おろ》かであっても、人間の事実の中、そして人間の生活の上にまで到達するということが方便です。その意味では、真宗は方便の宗教です。御本尊《ごほんぞん》の裏の「方便法身《ほうべんほっしん》」という言葉や、お念仏が誓われている第十七願を親鸞聖人は「方便の御誓願《ごせいがん》」（真宗聖典五八一頁）と言っておられますように、方便という言葉が大事な所で使われているわけです。

二　思いに生きる私たち

私が勤めている短期大学は二年で卒業しますので、二回生は卒業論文を書きます。その卒業論文の作成過程の中で、夏休み前にテーマを設け、発表してもらっているのですが、そこである一人の学生が「親鸞さまに遇《あ》えて良かった」というテーマで発表しました。自分が大好きだったおじいさんが亡くなり、そのおじいさんが「親鸞さまに遇えて良かった」ということを亡くなる前にしきりに言っていたと人から聞いたことから、おじいさんがそういう言葉でなにを言おうとしたのかを知りたくて、「親鸞さまに遇えて良かった」というテーマにしたと言うのです。

このおじいさんの思いは、親鸞聖人が、人間としての能力などが非常に優《すぐ》れていた立派な方だったということでは決してないのでしょう。親鸞聖人がただ立派な人だというだけならば、私たちは立派な人に会った場合に、かならずしも良かったとは言えないのではないでしょうか。立派な人にお会いすると、逆に自分がどうしようもないものとして見えてきて、絶望することもあります。

『歎異抄《たんにしょう》』という書物の終わりの方に、「聖人のつねのおおせには、「弥陀の五劫思惟《ごこうしゆい》の願をよくよく案ずれば、ひとえに親鸞一人《いちにん》がためなりけり。されば、そくばくの業《ごう》をもちける身にてありけるを、たすけんとおぼしめしたちける本願のかたじけなさよ」」（真宗聖典六四〇頁）と記されています。「そくばくの業」の「そくばく」とは、漢字で「若干」と書きます。私は私の業を持ち、皆さんは皆さん一人ひとりの業を持って生きているのです。

現代の私たちは、なによりも自分の思い通りに生きることが幸せと思っています。自分の思いに忠実に生きることが、自分を大切に生きることだという感覚があります。それに対して「業」という言葉は、思いではどうにもならないいのちの事実というものをあらわす言葉です。どれだけ自分が思いを尽くしてみても、変えることも無くすこともできない、私の思いよりももっと深く、私をこういう形であらしめている力が「業」です。その意味で「業」という言葉は、私を縛《しば》りつけてくるものです。私を束縛《そくばく》してくるものです。言い換えれば、私の思い通りに生きようとする時に、いつもそれを妨《さまた》げるものです。

先ほどと同じ卒業論文の中間発表の時に、一人の学生が「往生極楽《おうじょうごくらく》」というテーマで論文を書くと言いましたので、「往生極楽ってどういうことかね」と聞きましたら、「往《ゆ》きて、生まれて、楽を極める」と言うのです。みんな吹き出しましたが、吹き出してから気が付いてみますと、だいたい人間が浄土などを求める時はこういうことなのです。

『観無量寿経』では、韋提希は、自分の息子によって国王であった夫を殺され、夫を助けようとした自分まで牢獄《ろうごく》に閉じ込められたという絶望の中で、仏に「我《わ》がために広く憂悩《うのう》なき処《ところ》を説きたまえ」（真宗聖典九二頁）と「憂《うれ》いや悩みのない処」をどうか教えて欲しいと求めます。これはひっくり返して言えば極楽、楽を極めたいということです。

私たちの生活を見ると、私を憂い悩ませている人や物事がたくさんあります。少しでもそれを取り除いていけば、どんなにか楽な生活、楽しい生活になるだろうと、憂悩なき世界を日々一生懸命に求めているのです。楽しい楽な生活が、ある意味で救いだと考えています。憂い悩ませるものの中には病気、経済問題、家庭問題もありますが、そういうものが一つ一つ取り除かれていけば、そこに、初めて私が私の思い通りに生きていける自由な楽しい生活が始まるはずだと考えているのです。

三　「さわり」によって破られる思い

先般亡くなった武満徹《たけみつとおる》さん（一九三〇〜一九九六）は、日本の作曲家の中でも特に世界で評価されている方でした。その武満さんは文章の中で「さわり」という言葉を取り上げておられ、日本人は「さわり」を大事にする歴史があると言っておられます。

特に雅楽《ががく》ですが、笙《しょう》、篳篥《ひちりき》などの日本の楽器は、わざわざ「さわり」が付けてあると言っておられます。音がすーっと出るのではなく、出にくいように「さわり」が付けてあるということです。その「さわり」をくぐって音が出始める時、その音は実に自由な音色《ねいろ》を持つと。私たちは「さわり」というものを、私の幸せを邪魔しているものだと思い、この「さわり」さえなくなればと思っているのですが、それに対して武満さんは、そうではなく「さわり」のあるところに実は本当の人間としての自由があるというのです。

つまり、「さわり」において初めて私たちは自分というものを問い、尋ね、そして自分というものを叫ぶのです。なにもかもが思いのままになる時には、人間は自分というものがわからないのです。極端なことを言えば、「お前の命はあと一年もないだろう」と宣告され、死を自覚させられる時がこなければ、自分を問い尋ねることがなかなか始まらないのです。生にとって、人間にとって、死はもっとも究極的な「さわり」です。私はどこまでも生きていたい、思いはどこまでも生きていたいのですが、その生きていたいという思いを断ち切るものとして死があります。

元京都大学教授でギリシャ哲学の世界的な権威であった田中美知太郎《たなかみちたろう》先生（一九〇二～一九八五）の言葉に「死の自覚が生への愛だ」というものがあります。

自分の死、この私が死ぬということを知らされたら、一日たりとて、それこそごろごろと昼寝はしていられません。たとえ一瞬でも、かけがえのない一瞬になります。初めて自分のいのちを大事に、自分というものが本当に生きたと言えるものがどこにあるかということが問われてきます。

親鸞聖人が問うておられました「そのこと一つ」というものを、曇鸞大師《どんらんだいし》は「志願《しがん》」という言葉であらわしています。それは言うならば、私のいのちの叫びです。この身に受けているいのちの持っている願いです。私がこの身に持っているいのちの願いというものに初めてふれさせられるのが、実は「さわり」においてだと言えます。思いのままに生きている時は、思いを破ることはなく、思いを超えることはないのです。

親鸞聖人が明らかにしてくださった教えは、「そくばくの業」つまり「さわり」に苦悩しているこの私に、本願が語りかけ、本願が照らしたもうことによって、そこに初めて私の上に、そのこと一つのためならば死んでいけるし、そのこと一つのためならば生きていけるという、「そのこと一つ」というものです。

真宗の「宗」、宗教の「宗」という文字は、二つの部分から成り立っています。「宀」は家、「示」は魂、「宗」という言葉の直接の意味は「御霊屋《みたまや》」ということです。「その家の御霊屋」ということは、そこからすべての人が生まれ出て、そして、そこへすべての人が帰るということです。金子大榮《かねこだいえい》先生（一八八一～一九七六）は「宗というのは、生がそれにより、死がそれに帰する」と教えてくださっています。真宗というのは、本当にこの私がそれによって生きていき、それによって死んでいけると、そういうところを「宗」と言います。

それは、なにかここまで登って来いと、ここまで立派になれと、そういう条件付きのところであれば、私にとって「宗」にはなりません。そこに「そくばくの業をもちける身」、そういう苦悩を抱え、迷い、悩み、そういう身のままで、しかも、そういういのちに呼びかける、そういういのちを照らし出してくださる世界が、ここにあることを明らかにしてくださったのが親鸞聖人です。

「親鸞さまに遇えて良かった」ということは、親鸞聖人という理想の人が見つかったということではありません。「そくばくの業」に悩むということから言えば、業の内容は違いますが、どんな人でもそれぞれに、みんな一人ひとり同じ「そくばくの業」を持って生きているわけですが、「親鸞さまに遇えて良かった」ということは、私は私の業を生きていけばいいのだと教えられたということです。〝親鸞さまに遇えて、初めて私は私に帰れた〟ということを、そのおじいさんは言われたのです。聖道門は「ああいう人になれ」と理想の人を掲げて「そこまで来い」と言われるが、それに対して本願の道は「汝《なんじ》のいのちの事実に帰れ」と、「そしてそこを生きよ」ということを知らしてくださるのです。そういう道を歩まれた親鸞聖人に遇えた時に初めて、こういう「そくばくの業」の中に道があるということをうなずくことができたという喜びを、そのおじいさんは言っておられるのです。

私たちの常識から言えば、死というのは生を否定するもの、打ち切るものです。田中美知太郎先生の「死の自覚が生への愛だ」という言葉に出遇うと驚きます。考えると、不思議な言い方です。

四　いのちの営み

今日の私たちのもののとらえ方は全部、名詞形、名詞です。そういうことを、立川昭二《たつかわしょうじ》（一九二七～二〇一七）という先生が生老病死《しょうろうびょうし》を述べた本に指摘していました。日本人は古来、春夏秋冬の四季を、そのそれぞれの季節の美しさ、それぞれの季節の大切さ、そういうところで愛《め》でてきました。春は春を愛で、夏は夏を愛で、生きてきました。それと同じように実は、生老病死すべてをいのちの事実として生きてきたのです。

ところが今日の私たちは、人間の価値を一つの行為で量るようになりました。なにができるか、どれだけのことをしてきたか、というところで量るようになっています。人間の価値というものをそういうところで量るようになれば、当然若くて元気であることが、まずなによりとなるわけです。

「老後」という言葉について立川さんが、これは明治になってから日本に入ってきたというか、日本で使われるようになったと指摘されています。では、明治以前にあってはどう言っていたのかというと、「老いに入る」、「老入る」と動詞で言っていたそうです。「老後」というのは一つの名詞、「老」という名詞でとらえているわけです。「老い」ということを一つの歩みとしてとらえ、「老いに入る」とおもしろいとらえ方をしていたそうです。つまり命が「老い」という新しい状態に「入」っていく、そしてそこで「老い」という新しい生活を始めるということです。

「老いに入る」という言葉で思い浮かびましたのは、加賀市大聖寺の和田《わだ》稠《しげし》先生（一九一六〜二〇〇六）です。私より一回《ひとまわ》り以上も上でしたが、お忙しい方でなかなかお会いすることがありませんでした。私たちが何年来続けていました聞法会があり、その時にお会いするくらいでした。一年ぶりにお会いした時に、先生が私の顔を見るなり「宮城さん、おもしろいね！」と言われるのです。「なにかおもしろいことがありましたか」と言ったら、「うーん、足が曲がらなくなってね」と、また「耳が遠くなってね」と言われるのです。「そんなことがおもしろいですか」と言いましたら、「うん、初めての体験だからね」と言われました。

つまり、「足が曲がらない」というのは、こういう生活になるのか。耳が遠くなるということは、こういう思いをすることなのか。初めてわかった。毎日新しい体験をさせてもらっている。おもしろいね」と言われるのです。これが「老いに入る」ということでしょう。それはまったく新しい体験であり、そういう新しい世界に入っていくということです。

若さに価値があり、元気なことに価値があるというところに立っていると、「老後」というのは社会からある意味で「もう必要ない」、「あとはできるだけ邪魔せずに生きていなさい」という感じです。どこか後ろ向きな、侘《わび》しい響きが「老後」という言葉には出てきます。それに対して明治までは、日本人は「老いに入る」と言っていたということを立川さんが書いておられて、大切なことを教えられました。

今日たとえば「死」ということも、私たちは名詞でとらえています。そうすると、人間の死というものはなにをもって判定するかということになってきます。なにをもって死と認めるか、脳死すればもう人間ではないというような「判定」がそこで議論されてきます。

五木寛之《いつきひろゆき》さんの『大河の一滴』という本の中に出ていたことが思い出されます。ある家で、お婆さんの最期が近くなり、親族の者が周りを取り囲んで見守っていました。そしてお医者さんが頭を下げて「ご臨終《りんじゅう》です」と言います。すると親族の一人が「ああ死に水（末期《まつご》の水）をとらなければ」ということで、そのための綿《わた》を探したそうです。ところがどこを探しても綿が見つからないので困っていたら、死んだはずのお婆さんが「タンスの上から三番目の左側」と言ったというのです。五木さんはまじめに書いておられますから、笑い話ではありません。だからやはり、そういうことがあったのでしょう。それで、「ここにあった」と綿を持ってきて水を口に含ませた時には、本当に亡くなっておられたのだそうです。それを読んで気が付かされることは、この頃は末期の水を亡くなる人にあげるなどということをしなくなったというか、できなくなりました。

私の母が亡くなった時も、お医者さんが母の体に機械を付けて、グラフがこの線から下へいったらもうだめですから見守っていてくださいと言うのです。そうすると、私たちはどうしても機械ばかりを見ながら、「あー危ないな、下がってきた」と、「また戻ってきた、あー良かった」と言っているわけで、母親の顔や、その場を見ていないのです。判定です。

昔は、これは動詞だったのです。やはり、「死んで往くいのち」なのです。「死んで往く」ということは、いのちでなくなるのではなく、いのちの営《いとな》みなのです。「おぎゃあ」と生まれてくるのもいのちの営みなら、死んで往くのもいのちの営みです。ですから、「生まれてくるいのちはめでたい」と同じように、死んで往くいのちも尊いのです。

昔は、親族が集まって死んで往くいのちを見守っていました。かつてはそれが普通の姿であったわけです。だんだん冷たくなっていく手足を少しでも温める。つまり、去っていくいのちを少しでも引き止めるというか、そういう願いを持って、亡くなる人の懐《ふところ》に手を入れたり、手足を一生懸命さすったということがあります。そこでは本当に、死んで往くいのちに寄り添い、死んで往くいのちと共に歩むような、そういう心で死を見つめていました。

それは名詞の世界ではなく、動詞の世界なのです。「死んで往くいのち」の営みです。私たちは「死」をいのちを断ち切る言葉としてしまった時に、そして「死」と名詞で語るようになった時に、なにか死ということを自分の外に置いて、ああだこうだとあげつらうことになってしまいました。すべてを名詞化するということが、今日の私たちのものの理解の仕方のようです。

昔は、もっとすべてのものと一つに生きていました。決して自分の外に、自分と無関係にあるものとしては見なかったということを、あらためて思います。この「死の自覚が生への愛だ」ということも、そういうところであらためて思われるわけです。

五　動詞で表現される世界

本来、仏教の基本の言葉は全部、動詞なのです。「如来《にょらい》」という言葉も、私たちは如来さま、仏さまと言って前に置いてしまいました。そしてこちらから「どうか救ってください」とたのむということになってしまいました。「如来」というのは、「如」が「如」のままに私のところに「来る」と、そして「如」のままにして「去る」、「如来如去《にょらいにょこ》」というのが言葉の意味です。「如来」とは、私に限りなく近づき、私の上に真如《しんにょ》なるものを開く、そういう歩み、そういう私へのはたらきかけであって、私と無関係に私の前におられるということではありません。

それから「浄土」ということにしても、「浄土」という世界を私たちの世界の外にたてて、ある意味で理想化して、そこへ生まれるということを願うということがあるわけです。しかし、親鸞聖人は「浄土」について、「真実の浄土」というものを天親菩薩《てんじんぼさつ》の『願生偈《がんしょうげ》（浄土論《じょうどろん》）』の偈文《げもん》の中の言葉に見ておられます。「究竟《くきょう》して虚空《こくう》のごとく、広大にして辺際《へんざい》なし」（真宗聖典一三五頁）、この言葉を親鸞聖人は真実の「浄土」を顕す言葉としてあげておられます。「究竟」、どれだけ多くの人がその世界に往きて生まれても、「虚空のごとく」、どこまでも広大で、「辺際なし」、ほとりきわなしと言われています。

もしも浄土という世界が、私たちが思い描く世界としてあるものだとしたら、その世界がどんなに広大な世界であろうと、百人がその世界に生まれたら百人分その世界は狭くなる道理です。迎え入れる浄土と、その浄土に生まれる人とが別々ならば、百人生まれれば百人分、一万人生まれれば一万人分その世界は狭くなります。それは広大だから狭いとは感じないでしょうが、しかし事実は狭くなる道理です。決して究竟、どこまで行っても「虚空のごとく」というわけにはいきません。

では、天親菩薩はないことを言われたのか、そして親鸞聖人はそんな言葉を真実の浄土を顕すと尊ばれたのかということです。どれだけ多くの人がその浄土に生まれようと、虚空のごとく広大にして辺際ないというあり方が成り立つ唯一の場合は、それは浄土に生まれた人が、今度は浄土を開いていく場合だけです。その場合は、百人生まれたら百人分、浄土が広がるのです。浄土に生まれた人が、浄土という世界にあぐらをかいて、腰を下ろして、それこそ「あー楽しい世界だ」と言っているのでしたら、どれだけ広い世界であろうと、それは狭くなる道理です。

浄土に生まれんと願う心を「願生心《がんしょうしん》」と言います。そして、「得生《とくしょう》」と言います。「生まれ得た」「浄土に生まれることができた」「生まるることを得《う》」ということですが、ここで腰を下ろしてしまうことを親鸞聖人は真実の浄土ではなく「化土《けど》」と言われます。

真実の浄土とは、その浄土に生まれたら浄土のいのちを生きるものとなるということです。つまり浄土は「願」、「願心《がんしん》」によって建立《こんりゅう》された世界です。ですから「願生」が「得生」となれば、今度は「願」に「生きる」身となって生まれ出るのです。生まれんと願って浄土に生まれたならば、浄土の「願心」、浄土というものが建立されたその「願心」を生きるものとして生み出されるのです。

ですから曇鸞大師は、その浄土を明らかにされた『浄土論註《じょうどろんちゅう》』（論註）の中で繰り返し、浄土に生まれたら浄土のいのちを捨てると、あるいは浄土に生まれたら彼《か》の寿命を捨てると言っておられます。浄土に生まれて浄土に腰を下ろすなら、それは、本当に浄土に生まれたものではなく、自分の思いを浄土に持ち込んだだけです。浄土において自分の思いを満たそうとしているだけです。浄土に生まれるということは、浄土のいのちに生きる身となることです。それは、浄土を開かれた願いに生きる身にされることです。

親鸞聖人は「真実のさとり」、「真実の証《しょう》」というものを顕かにされるところに、この『論註』の言葉をずっと引かれています。その中の阿弥陀如来の功徳を称《たた》える偈文のところに、「もし人ひとたび安楽《あんらく》浄土に生ずれば、後《のち》の時に意《こころ》「三界《さんがい》に生まれて衆生《しゅじょう》を教化《きょうけ》せん」と願じて、浄土の命を捨てて願に随《したが》いて生を得て、三界雑生《ざっしょう》の火の中に生まる」（真宗聖典二八二頁）とあります。三界を捨てて安楽浄土に生まれたのですが、この浄土に生まれた人は自分の心に「三界の衆生を教化せん」という「願」を起こして、実は三界雑生の火の中に浄土を開いていくのだと、曇鸞大師が書いておられます。

それを親鸞聖人は、「真実の証」とあげておられます。ですから、「浄土」という言葉の本質は、「浄土していく」、国を清めていくという動詞なのです。

また「念仏」ということも、「お念仏」というものがあるのではなく、「お念仏する」という事実、念仏申している人がいるということです。頭で対象的にとらえる言葉としてたてられているわけではなく、すべてが動詞としてあらわされています。

そういう点、私たちは今日あらゆるものを対象化してしかとらえられなくなってきており、その意味では、学ぶことによって、いよいよ心が離れていくということもあります。仏教について学ぶことと、仏教の願いにふれることとは、必ずしも一つにはならないということもあります。そういう悲しみを今日、私たちは抱えています。蓮如上人《れんにょしょうにん》がすでに、そういうことを「聖《しょう》教《ぎょう》よみの聖教よまずなり」（真宗聖典八七三頁）という言葉で言っておられます。そしてまた、浄土というものは「彼の国」とか「彼の岸《きし》」と言います。これはこの世界ではないということです。ですから、私たちの思いをどれだけ広げていっても、それは浄土にならないということが「彼の」という言葉であらわされているのです。

六　亡くなって初めて遇える親

私の友人に、寺の長男に生まれた人がいました。その父親は、私の父の友人でもあったのですが、各地を回って真宗の教えを伝えていくことに生涯を尽くされた方でした。それだけに、その友人は小さい時から、自分の志を継いでその寺の住職となり、教えを伝えて欲しいという願いをかけられ、ある意味で強制的にそういう道を歩めと、ことあるごとに言われたらしいのです。父親同士が友人でもありましたから、大学時代から年中その友人の寺へ行っていたのですが、その親子喧嘩というのが物凄いのです。お父さんも激しい人であり、その息子である私の友人も激しい性格でしたから、よくもあれだけ喧嘩ができるなあと思うぐらい、激しい勢いで親子喧嘩をするのです。

結局その友人は寺を出て、今は別な道を歩んでいるのですが、その友人がこの頃になってふと思い出して、こう言ってくれました。激しく言い争っていたある時、親父が「俺が人間の形をしておるから、お前は私の願いが聞けないんだろう」と言ったというのです。つまり、人間的な反発、父親に対する人間としての反発がいつも先にあって、その父親が一生懸命に本当に心から願っている願いが聞けなくなっているということです。

そのお父さんもある意味で、そういう反発を持つようにしてきたのは自分の今までのあり方だったという思いを、やはり自覚というか、深い悲しみとともに懺悔《さんげ》を込めて言われたのだろう思います。そのことをこの頃になって思い出し、その友人はしきりに言うのです。それこそ、お父さんが亡くなってから初めて、その言葉を、願いを素直に聞けるようになったと言うのです。

私自身も、父親に死なれて初めて親父に遇えたという思いを強く持ったことがありました。私たち親子は、これはまた、その友人の親子とは正反対でした。その友人のお父さんは、「俺は軽石《かるいし》だ。人の神経をごりごり擦《こす》る」と、「けれど、ここの親父はヒラメだ」と言っておられました。「いつも海の底にじっと座っている」、身を隠して目だけ出して、いつも下からじっと見ていると。私の父親がヒラメだというのは、なるほどと感じるような親父でした。

　私たちがなにをしていてもなにも言わないのです。そのくせ、決して認めていないということは目でわかるのです。いつも見つめられて批判されているという感じです。私たち親子は喧嘩になると、両方とも黙りこくるばかりです。友人のところのように、火花を散らしてぶつかり合うということがないので、そういう意味では、表面は非常に静かでした。しかし、やはり遇えなかったということは同じでした。生きている間は、反発が先に立ちます。

　ある先生が、「親に三種の親がある」と言われていました。第一の親は、戸籍簿に載っている親です。これは私のいのちの歴史を伝えてくださる方です。いのちの歴史が分からないと、自分の存在が曖昧《あいまい》になります。いのちのルーツを探る、尋ねるということは、外国にいる戦災孤児の方が大変な苦労をして日本に来られるということからもわかります。第二の親は、毎日の生活の中で顔を合わせている親です。これは百面相《ひゃくめんそう》をする親です。その日その日の自分の都合、気分によって、物わかりのいい親父に見えたり、頑固《がんこ》で物わかりの悪い親父に見えたりします。自分の思いを聞いてくれる時には、なんて良い親父だろうと思いますし、少しも聞いてくれないと、なんと物わかりの悪い親父だと思います。その時その時の気分のままに、百面相でとらえている親です。第三の親は、私たちが行き詰まった時に思わず親の名を呼ぶ、そういう呼び声の中に生きている親、呼び声として生きている親です。それは、百面相する親ではなく、いつも自分のことを念じ続けてくれている親です。だからこそ、行き詰まった時に思わず名を呼ぶということが私の上に起こるのです。

生きておられる間は、私たちは親を自分の思いでしかとらえられないし、自分の都合がいつも先に立ちます。結局、自分の都合のところでしか判断しないから、その心にふれるということがなかなかできません。ところが死なれてみたら、その思いをかけようとしてもできません。もうどうしようもないわけです。こちらがどういう要求をぶつけようと、応《こた》えてくれるわけがないのです。そういう死というものをくぐって、言うならば、こちらの思いを断たれた時に初めてふれられるということがあります。自分の思いが断たれた時に、逆に初めて親の心が私の上に伝わってくるということがあります。

思いを持って生きている限り遇えない、「彼岸《ひがん》」というのもそういう意味です。「思い」の「彼方《かなた》」なのです。思いでとらえている限り、それは浄土ではありません。思いが本当に断たれた時、初めて出遇う世界、ふれる世界が浄土です。そのことを「彼岸」とか「彼の国」という言葉であらわしています。どこまでも思いの「彼方」です。しかし、「彼方」ということ、「彼」ということは、これにあらずですが、これにかかわっているということがなければ「彼」ということもないわけです。無関係なら「彼」ということはないのです。私の現実、私の人生にかかわってくださっているという意味を、「彼の」という言葉に込められ、あらわされているのです。

七　喜んで死んでいける道

五木寛之さんの『大河の一滴』の中に、なるほどという思いを持って読んだ文章がありました。五木さんという方は、中学生時分《じぶん》と、作家として仕事を始められてからと、二度自殺をはかっておられるそうです。今でも、心なえる日があると虚脱《きょだつ》して、ぐったりとしてなにもかもどうでもいいという気になってしまうそうです。そういう自分の思いをふくめて書いておられます。シェークスピアの『リア王』という有名な戯曲《ぎきょく》の中で、リア王が子供やすべての人に背《そむ》かれて荒野を孤独にさまようのですが、そのさまよいの中で「人間泣きながらこの世にやってきたのだ」とつぶやく言葉があります。

人間は生まれてくる時、「おぎゃぁおぎゃぁ」と泣きます。それは、こんな辛い世の中に、こんなに矛盾《むじゅん》に満ち、悩みに満ちた世の中に、それこそ自分の意志ではなく産み落とされた悲しみ、不安、そういうことから泣いているのだということです。それに対して、その言葉を受け止めながら、五木さんは「「泣きながら生まれてきた」人間が、「笑いながら死んでゆく」ことは、はたしてできないものなのだろうか」という言い方で、仏教、仏陀の求められた道というものを表現しておられます。

これはある意味で、そのようにも言えると思います。仏教には難しいいろいろな教義も説かれていますが、仏教は、泣きながら生まれてきた人間、泣きながら生きている人間が、自分がこの世に生まれ得たことを喜ぶ、自分がこの人生をたまわったことを喜んで死んでいける道を尋ね歩むということでしょう。仏陀はその道を尋ねられたのだということは、確かにそうとも言い切れるのではないかと教えられました。

この世にいろいろな思想があり、いろいろな宗教があります。しかし、この私がこの私の身のままで、この私の人生を本当に喜び、感動を持って、愛し、生き抜き、そして死んでいける道を私たちは尋ねています。そういう道を開くところに初めて「真実の教え」が成り立つのです。どれほど偉大な真理が説かれていようと、その真理において私が笑いながら死んでいけないのなら、それは私にとって「真実の教」ではありません。

八　「現世の利益」と「現生の利益」

世の中には、いろんな現世《げんせ》の利益《りやく》を使えると、こういうことも満たしてあげる、こういうことも満足させてあげると、いろいろな約束のもとに説かれている教えもあります。しかし最初に言いましたように、私たちの憂い悩みが無くなれば良いというわけでもありません。現世の利益というのは、それは私の生きている状態、状況を良くしてあげますという教えです。この教えを信じたら病気が治りますよ、商売がうまくいきますよ、不幸になりませんよというのは、これはすべて生活の状況です。

たとえその教えを信じて状況が良くなったとしても、そこで行く世界は「天上界《てんじょうかい》」です。「天上界」はそれこそ楽を極めた世界です。なんの憂い悩みもない世界です。自分の欲望が全部満たされた世界が「天上界」であり、逆に自分の欲望が少しも満たされない、そういう苦痛の中に投げ出されているのが「地獄界《じごくかい》」です。

天上界は楽しみに満ちた世界ですから、どんなに結構な世界かと思っていましたら、源信僧都《げんしんそうず》の『往生要集《おうじょうようしゅう》』に引かれている経典には「天上界で受ける苦しみは地獄で受ける苦しみに十六倍する」と書いてあります。なぜ十六倍なのかはよくわからないのですが、ともかくそこは地獄よりも深い苦しみを受ける世界だということです。それはなにかと言えば、状況というものはどんなに良くなっても、良くなった時は喜びですが、人間というのは困ったもので、しばらく経《た》てばそれが当たり前になるのです。やっと手に入れた時の感動がいつまでも続けばいいのですが、いつの間にか当たり前になって、また次の欲望が頭をもたげてきます。

結局、天上界に生まれた喜びが衰《おとろ》えていきます。これを、「頭上の華が萎《しお》れる」と書いてあります。頭上の華、つまり天人《てんにん》としてのシンボルです。この頃は大学に入ってもだれも帽子《ぼうし》をかぶりませんが、私たちが学生の頃は、あの三高とか二高とか一高とかいうのは、入学したら皆がこの帽子をかぶりました。そして、あの徽章《きしょう》が誇《ほこ》りでした。「頭上の華」です。

天人の頭上の華、それは天人に生まれえた喜びを象徴《しょうちょう》しています。しかし、それが衰えていくのです。状況がどんなに良くなっても存在は変わらないのです。つまり、そこに年をとっていくという老死ということは免《まぬが》れないのです。

す。

そして、天上界の最後に「不楽本居《ふらくほんこ》（本居を楽しまず）」という言葉があげられています。「本居」とは自分の居る場です。その自分の居る場が楽しめないということは、所在がないということです。なんの憂いも悩みもないということは、私は自分の力で取り組まなければならない、それを受け止めていかなければならないというような問題がないのです。問題がないのですから結構なことのように思うのですが、実は問題がないということは所在がないということなのです。

「ほうれんそう」という言葉があります。誰からも、報告も、連絡も、相談もかけられず、あなたはあなたの好きなように生きておられたらいいですよということであれば、これは所在がないのです。現世の利益というものは、私の状況は良くしてくれるかもしれません。しかし、たとえ良くなったとしても、私の人生そのものは満たされないということがあります。

親鸞聖人は、「現世の利益」に対して「現生《げんしょう》の利益」と言われます。「現生の利益」とは、私の生存、生きている事実が喜びを持ち、感動を持ち、私の人生を本当に感動を持って受け止め、感動を持って生きていけることです。そういう人生を、かたじけないといただける、そういうことにならなければ、なにがどう変わろうと結局は老死の前に空《むな》しいのです。

私は「現世の利益」というのは「華」で、それに対して「現生の利益」というのは「根」だと思います。私たちは華ばかり集めようとします。自分にとって良いことばかりを集めようとします。しかし、華だけ切り取ってきたら、必ずこれは萎れるのです。その華を生み出す「根」をたまわるのです。

言い換えれば、どういう状況にあろうと、その状況こそが私のいのちの願いを明らかにしてくださる大きな縁です。どのような状況にあっても、私が私の人生を喜び感謝できる、そういう世界に出遇わせていただくわけです。そこに真宗という世界が、親鸞聖人によって開かれた意味があるかと思います。

まさに、真宗として親鸞聖人が明らかにしてくださいました教えというものは、私たち一人ひとりがこの身の事実として抱えている「そくばくの業」そのものに、この世のすべてのいのちに喜びと感動を与えようとする願が生きているということです。「そくばくの業」こそが、願がはたらいているということをうなずかせる大きな縁になるということを明らかにしてくださいました。

ただ単に真理が説かれた教えということではなく、この私の身の事実のあるがままに、そこにはたらく真の法というものを本願念仏の教えとして伝えてくださったと、そう言っていいのではないかと思います。

真実の行

一　教信行証ではなく教行信証

仏教一般、宗教一般から言えば、まず「教え」があります。教えに出会って、その教えがどういう教えかということを聞いて、その教えは立派な尊い教えだと「信」じ、その尊ぶ教えに従って、その教えに説かれている通りに実践し、自分がその道を修《おさ》め「行」じ、そしてその実践が完成、成就して、そこに「証《さとり》」を得る、あるいは御利益《ごりやく》を得ることが一般的な仏道の順序次第、形です。

つまり教《きょう》・信《しん》・行《ぎょう》・証《しょう》という順序です。その教えはいろいろと分かれていますが、ともかくその教えを確かな教えだと尊び、そこから教えの通りに自分が生活の中で実践し、そして願っていた通りに御利益、もしくは「証」を得るということです。

ところが、私たち真宗門徒にとっていちばん根本の聖教《しょうぎょう》である親鸞聖人《しんらんしょうにん》の著書の表題が『教行信証《きょうぎょうしんしょう》』と呼ばれているように、親鸞聖人は教・行・信・証と組み換えというか、書き換えておられます。それは、まず教えがあり、次に信と行を入れ替えて行・信とあります。そのことの意味は、この場合の行は教えが歩んでおり、その教えが私たちの上にまで伝わってきて、私の上にまで成就しているということです。そして、そのことを信ずるということです。

信じるのは、ただ間違いのない教えだと信じ、それに従ってこれから実践していこうということではなく、私の上にすでに成就されてあることにうなずくことです。ですから、信ということは、普通一般の信心に対して、信受《しんじゅ》と言います。与えられてあるものを「まことに」といただくと押さえられるわけです。

そこに行と言ってありますが、行ということで私たちが普通に思うことは実践ということです。しかし親鸞聖人が、行と言う時、それは私個人の実践ではなく、本願《ほんがん》の歩みであるから「大行《だいぎょう》」と言っておられます。私たち一人ひとりの営《いとな》みではなく、真実の方が歩んでくださっているという意味で、「大行」という言い方で明らかにしておられます。

多くの実践としての行は、そこに願っていることを成就するための手段という意味です。この道をそこに説かれている教えの通りに進み、深いさとりをこの身に成就したいと思い、そのためにはこの行を積みなさいと教えられて、その行を行じていくわけです。願っていたさとりを確かにこの身にいただく実践という場合は、目的を達成するための、目的を成し遂げるための方法としての行ということが押さえられているわけです。

そういう意味の行というのは、その行が完成するまで、目的を達成するまでは、それが行として意味を持つかどうかわからないわけです。目的を達成する前に行き詰まったり、さらには私たちはいつ死ぬかわからないわけですから、その目的を成就する前に死んでしまったら、それまでの努力は空《むな》しいわけです。成就した時に初めて行としての意味があるのですから、これは歩んでいて非常に不安なのです。

親鸞聖人が尊ばれた七高僧《しちこうそう》の中の第三番目、曇鸞大師《どんらんだいし》は、「正信偈《しょうしんげ》」にまして、「焚焼仙経帰楽邦《ぼんしょうせんぎょうきらくほう》」（真宗聖典二〇六頁）とありますように、仙経に迷われました。曇鸞大師は、仏教にふれる前に迷っていたわけではなく、仏教に帰《き》して、ひたすらに仏道を身に修め、仏教の深い教えを学んでいかれ、そして仙経に迷われたわけです。なにか魔がさしたとか、途中でふと仙経の方に心を奪われたということではなく、曇鸞大師は仏道を極めるということに一生懸命だったからこそ迷われたのです。

具体的には、『大集経《だいじっきょう》』の註釈書《ちゅうしゃくしょ》を手掛けられたことがきっかけでした。『大集経』は、文字通りたくさんの教えが集められている非常に大部なお経です。その註釈書を作るという仕事は、大変な量であり、その仕事に根を詰めたため、とうとう病気になって倒れてしまわれます。その時に曇鸞大師はしみじみと、無量の法門《ほうもん》、限りない仏教の教えを学び尽くそうと思ったら、まず命が無量でなければとても間に合わないと思われたのです。どれだけ学んでいっても、その命がいつ終わるかわからないような身体《からだ》では、今度のように途中で倒れてしまえば、結局は中途半端で終わってしまいます。

そこで曇鸞大師は、不老長寿《ふろうちょうじゅ》を説くところの道教《どうきょう》、中国の仙経、俗に言えば仙人《せんにん》の道を学び、不老長寿の身となって初めて安心して仏教を歩めると思われたのです。ですから、曇鸞大師が仙経に迷われたのは、仏教を極めるため、途中で終わってしまわないようにするためでした。これは曇鸞大師だけではなく、中国ではいろんな方が無量の仏道を極めるために、まず不老長寿の身になってということをされたようです。曇鸞大師もその一人として、まず仙経を学ばれたわけです。

ですから実践して目的を達成するための行という場合には、そういう問題が出てきます。目的を成就するための手段として行を修めるという時には、全部やりとげなければ行としての意味がないのです。しかし、やりとげられるかどうかは、この私たちの身体《からだ》では常に不安が付きまとうということがあります。

二　「名利」という問題

また、その教えのもとに実践が積み重ねられていき、だんだん人より上に立っていくということになると、そのことを誇《ほこ》るという問題が起こってきます。親鸞聖人が七高僧の中で六番目にあげておられる源信僧都《げんしんそうず》にはこんな話があります。源信僧都は非常に優《すぐ》れた人であり、当時の仏教の言うならば最《さい》高峰《こうほう》まで登り詰められ、仏法の棟梁《とうりょう》、仏道の上で最高の指導者だと尊ばれ、天皇の前で経典を講義し、天皇からしかいただけない紫の衣までもらわれました。

父親はすでに亡くなり、仏道を学ばせるために母親一人で苦労されているその心を思って、その紫の衣やいただいた物などの名誉を喜んでもらおうと思い、お母さんの所へ送られたそうです。すると母親から「私はこういうものをあなたにもらってほしいために、あなたを出家《しゅっけ》させたわけではありません。この私を救ってくださる道を明らかにし、そして亡き父の菩提《ぼだい》を弔《とむら》ってくれる、そういう道を極めてほしいから、あなたを出家させたのです。この紫の衣や、そのほかのいろいろないただきものは、ただ単なるこの世の名誉であり、そのために仏道を歩ませているわけではありません」と、大変厳しいお叱《しか》りの手紙が来たそうです。

その体験が、源信僧都が念仏に帰していかれる大きな縁になったわけです。源信僧都が書かれた『往生要集《おうじょうようしゅう》』という書物の中で、仏教で説かれているいろんな行を並べあげ、その行を極めていっていちばん最後に残るのは「不《ふ》染名利《ぜんみょうり》」という、名利の心に染《そ》まらないことが課題だと指摘しておられます。しかし、自分で行を積み、一歩一歩登っていくという道の世界では、名利に染まらないということは大変なことです。自分では、名利を追いかけているとは思っていないわけです。自分こそは仏道を一生懸命に行じているという思いで生きているわけです。

源信僧都は『往生要集』の中に、「不染名利」という言葉の後に一つおもしろいたとえ話をあげておられます。象が檻《おり》に閉じ込められています。檻とは、この生死《しょうじ》の世界をたとえています。檻に閉じ込められていた象が、一生懸命に苦心して、努力を重ねてやっと檻から外へ身体を抜け出させることができたそうです。しかし、やれうれしやと思って歩もうとしたら動けないのです。なぜかと思ったら、尻尾が檻に絡《から》みついていたそうです。それで結局は、自由にはなれなかったという物語です。

考えてみると、あの大きな身体を苦心して抜け出させるくらいの頭と力があれば、あの短い小さな尻尾はあるとも思わないくらいのものです。たとえ尻尾が絡んでいるとしても、ぴんと伸ばしたらはずれるはずです。なぜそんなことで悩まなければならないのかと思います。

この物語はなにを言おうとしているかと言いますと、そんなものがあるとも思っていないということ、気付かないということです。自分の中に、名利心があるなどということは気付かないのです。自分はただひたすらに仏道を行じていると思っているけれども、自分の力を尽くして一歩一歩登っていく道である時には、いつ知らず自分が重ねてきた努力がそのまま一つの自負心《じふしん》となるのです。自分はこれだけのことをたどってきたという、その歩みに対する自負心というものが、いつ知らず名利心となってその人をとらえていくのです。

そこに出家し、いろんな行を積み、生死の世界を離れようという歩みをしながら、源信僧都の言葉によれば最後の「うらみ」に終わるわけです。つまり、それまでの歩みを全部だめにしてしまうのです。仏道をずっと修行してきたはずの思いは、すべてが名利のための道であったということになってしまうのです。そのことを源信僧都は最後の「うらみ」と言い、「名利より大なるものはなし」とも言っておられます。

そのことで親鸞聖人は『一念多念文意《いちねんたねんもんい》』という書物の中で、自分の力を尽くしてという、自力ということを述べておられます。「自力《じりき》というは、わが身をたのみ、わがこころをたのむ、わがちからをはげみ、わがさまざまの善《ぜん》根《ごん》をたのむひとなり」（真宗聖典五四一頁）と、自力というのは身と心と力と善根をたのむあり方だと示されています。そこに親鸞聖人は「わがみ」「わがこころ」「わがちから」「わがさまざまの善根」と、一つ一つに「わが」という言葉を置いておられます。

自力という時には、「わが」という心が抜けないわけです。自力を尽くしてという時には、常に「わが」という心で歩みが励《はげ》まされていくわけです。その限り、その自力の行は結局、「わが」ということを超えるということはありません。「わが」という思いが破れることはないのです。自分の力で「わが」という自分を破ることはできないのです。自分の力で自分を持ち上げられないようなものです。自分の力を尽くして自分の思いを、あるいは自分の執着《しゅうじゃく》というものを破るということはできません。結局それは、自分が積んだ力や善根をたのみとする名利の道に移ってしまいます。こういうことが、そこに知らされるわけです。

三　念仏の歴史

それに対して、「お念仏が行だ」と、「お念仏が大行だ」と言われるわけです。しかし私たちの意識から言えば、「ナムアミダブツと称《とな》えることのなにが行なのか。ナムアミダブツと言ってみても、いっこうに勇気がわいてくるわけでもなく、力がみなぎってくるわけでもない」と思っています。

時代的に親鸞聖人と前後して活躍された道元禅師《どうげんぜんじ》は「ナムアミダブツ、ナムアミダブツと言うだけで救われるのなら、田んぼの中の蛙《かえる》はとうに救われているだろう」と言っておられます。ナムアミダブツと言うのと、蛙がゲロゲロと鳴くのは変わらない、ただ声に出しているだけで、ナムアミダブツと言うことで救われるのなら、田んぼの蛙はとうに救われているだろうと言われました。

それから善導大師《ぜんどうだいし》や道綽禅師《どうしゃくぜんじ》が生きられた頃の中国では、大変念仏の声が人々の口に満ちていましたが、摂論宗《しょうろんしゅう》の人たちが「念仏で救われるというのは、実は別時意《べつじい》なのだ」ということを言われたことで、念仏の声が途絶えたそうです。

「別時意」とはどういうことかを簡単に言えば次のようなことです。

一億円のお金がたまれば救われるという時、初めから一億円をためなければ救われないと言えば、だれも始める前からあきらめてその道を歩もうとしない。だから一円で救われると、仮に言っているのである。一声の念仏で救われる、たった一円で救われると言えば、多くの人がそれならばと思えるが、初めから一億円と言えばとても私などはということになる。そこで一円でいいと言いながら、実際に救われるのは一円が積もり積もって一億円になった時に初めて救われるのだ。だから、その念仏を申している時と、救われる時は別である。というのが「別時」という意味です。

そのように摂論宗の方々が念仏について別時意ということを言ったことから、今の例で言うと、自分は一円で救われると思い信じて念仏していたけれども、一億円たまらなければ救われないならあきらめたと、当時の中国では念仏の声がピタッと止《や》んでしまったそうです。

それに対して、道綽禅師が念仏について「隠始顕終《おんしけんじゅう》」ということを言われ、そうではないということを明確にされました。「隠始顕終」とは「始めを隠《かく》して、終わりを顕《あら》わす」ということです。つまり、「一声の念仏で救われるというのは、まさに一声で救われるのだ。ただしその一声は、それまでの長い念仏の歴史があったればこそ、一声の念仏が出てきたのである」という意味です。

このことについて、金《かね》子《こ》大《だい》榮《えい》先生の話が伝えられています。ご承知のように金子先生は一時宗門から離れなければならない時がありました。その間、金子先生は広島の大学で教えておられました。先生は新潟の出身ですから、それまで居られた京都よりも遠くなるわけです。当時、先生のお母様は御存命で、お父様は事情をよくわかっておられたのですが、お母様は非常に寂《さび》しがられて、それで金子先生はほぼ毎日のようにお母様に手紙を出しておられたそうです。また、お母様の方もたびたび手紙を金子先生の所へ送られていたそうです。

お母様は神経痛を患《わず》っておられて、その痛みが非常に激しく、お母様はその手紙の中に「痛みが激しくなってきたら、もうお念仏どころではありません。もう痛いばかりです。その痛みの間に、それこそせつなまぎれに念仏はあっても、お念仏を喜ぶなどという心はとても持てません」ということ書き送られたそうです。それに対して金子先生は「そのせつなまぎれの念仏が尊い」ということを書いておられます。

その痛みの中で、思わずせつなさから「あいたた」と言うのと同じように「ナムアミダブツ」と言う、それが尊いのだと言われています。考えてみますと、そんな痛さの中で思わず「あいたた」と言うかわりに「ナムアミダブツ」と言っても、そんなものが行と言えるのか、そんなことで人間が救われるのか、そんなものに意味があるのかと思います。

しかし、おそらく金子先生は、そんなせつない時にどうして念仏が出るのか、そんなせつない時の念仏こそが尊いとか、そんな筋道を考えて念仏しているわけではなく、この私の身体がお念仏申してきた御先祖の、お念仏に生きていかれたその歴史の中にいのちをいただき、その歴史の中で育てられてきたからこそ、せつない時に思わず念仏が出るのだと言われているのです。

その歴史がなかったら、お念仏など出るわけがないのです。手を合せるということすら無理でしょう。やはり親などから小さな頃から手を合わすということを教えられてきた子供は素直に手を合わすということができますが、そういう習慣がないところで育った子供は手を合せることがなかなかできないのです。

私が勤めていますす大学は宗門立ですから、月に一回、御命日勤行《ごめいにちごんぎょう》という時間があります。全校生徒が会場の広さの関係で二回に分けて講堂に集まり、一緒に「正信偈」を唱和《しょうわ》した後、話を聞くという時間です。見ていますと、すっと手を合わせる生徒と、なにかまごまごしている生徒がいます。手さえなかなか合わせられないのです。その手がすっと合せられるというのは、やはりそういう歴史がなければできないのです。

そのことで、作家の遠藤周作《えんどうしゅうさく》（一九二三〜一九九六）さんのおもしろい話があります。遠藤さんは、すぐれた小説も書かれていますが、同時に狐狸庵《こりあん》という名前で非常にユーモアのある文章も書かれています。その遠藤さんが、よく講演旅行に行かれたそうです。だいたいは二人ほどの作家で行かれたそうです。

ある時、安岡章太郎《やすおかしょうたろう》（一九二〇〜二〇一三）という作家と箱根の方の会に行かれて、その日は宿に泊まって夜の街に飲みに行かれ、その帰りに山道を歩いていたところ、なにか知らないけれども二人が同時にぞくぞくしたらしいのです。気持ち悪くなって、二人は一目散に宿に逃げ帰って自分の部屋に入られたそうです。安岡さんが遠藤さんの方を見ると、遠藤さんが「ナンマンダブツ、ナンマンダブツ」と言っていたそうです。安岡さんが「はてな、遠藤君はカトリックじゃないのか。カトリックのクリスチャンが、なんでナンマンダブツと言うのだ」と言ったら、遠藤さんはじろっとにらんだそうです。

また、三浦朱門《みうらしゅもん》（一九二六〜二〇一七）というカトリックの作家の方と講演旅行に行かれた時の話です。一緒に部屋で寝ていて、また二人がなにか変な感じがして起き上った時に、その時も遠藤さんが「ナンマンダブツ、ナンマンダブツ」と言っていたそうです。カトリックである三浦さんが「せめて、あわれみたまえマリアさまとか言ったらどうだ。ナンマンダブツはなかろう」と言われたところ、「ばかもん、ここは日本だ。日本の幽霊にアーメンが効くか」と答えられたと書いてあります。

これは笑い話のようですが、ナンマンダブツという声は一人ひとりの頭で決断して出てくるものではなく、長い念仏に生きた人々のいのちの歴史があって、今それこそ気が付いてみたら念仏している自分がいたということなのでしょう。苦しみや悩みの状況の中に追い込まれた時に、ふと気付いてみたら念仏していた、そういうことを「隠始顕終」という言葉で言っておられます。初めに長い歴史があり、その長い歴史が今この一声の念仏となってあらわれているのです。

ですから、今私は一度称えた、これからずっと称え積んでいかなければならないというのではなく、長い長い念仏の歴史があればこそ、今私の上に念仏申すという心がおのずとわいてきているのです。念仏が大行であるという意味も、私において念仏申すという心が起こるのですが、それは私の行ではなく、私の上にまで成就してきた念仏の歴史が届いていた、それを大行と言われるわけです。

四　願も行もそなわっている名

中国での「別時意の難《なん》」に対して、道綽禅師が「隠始顕終」という言葉で応《こた》えられましたが、道綽禅師の後に出られた善導大師は「願行具足《がんぎょうぐそく》」ということで応えられました。念仏はただ単なる音、ナンマンダブツとただ口から声が出ているということではなく、そのナンマンダブツという念仏には願も行もそなわっているということです。

名号《みょうごう》、名前ということを私たちはただのレッテルというか、周りと区別するためだけにあるように思うわけです。そういう意味で私も、お念仏、名を称えるということがなかなかうなずけませんでした。

ところが、たまたま石原吉郎《いしはらよしろう》（一九一五～一九七七）という詩人の言葉に出あいました。この方は先の戦争の時に中国のソビエト国境近くに出征《しゅっせい》しておられ、そこで終戦となり、シベリア抑留《よくりゅう》で重労働をされたそうです。その時に使われた道具は日本兵が持って行ったもので、食事も二人に一個の飯盒《はんごう》があるだけという状態だったそうです。

零下何《れいか》十度という中で激しい労働をさせられるわけですが、与えられる食事は米粒が数えられるようなお粥《かゆ》一杯という粗末《そまつ》なものであったそうです。それを二人で分けなければならないということで、まず米粒だけを取り出して数え分け、それからお汁《つゆ》を分けたそうですが、その時は誠に真剣だったそうです。

私も、それほどの大変な状況であったわけではありませんが、それでも終戦直後の京都も食糧難で、配給といっても六人家族で三日間の野菜が芋づる十五本という状況でした。主食として渡されるのはなにかわからない缶詰一つで、それで一週間分ということもありました。

なんだろうと思ってそれを開けたところ、ものすごく臭い石鹸《せっけん》のかたまりのようなものが出てきて、これをどうしろという思いでした。今思えばチーズだったのですが、チーズなど見たことも食べたこともありませんから、これはなんだという思いでした。そのような状況の中で、ちょうど食べざかりの中学五年の兄と中学三年の私、妹二人がいましたから、母親は大変苦労したと思います。

今も鮮明に覚えていますが、一日の中でいちばんおなかが減ったという思いをしたのは、食事が終わった時なのです。お箸を置く時に、いちばん空腹感があるのです。理屈からいえば、食事をする前がいちばん減っているわけですが、その時は希望があるわけです。台所で母親が食事を用意する物音でもすると、もう間もなくと思うのです。しかし、どれだけ苦心してくれても、できるものはほんの少しですから、食べても満足しないわけです。食事が終わり箸を置く時には、間食などは夢のまた夢ですから、次の食事まではもうなにもないという絶望感は大変なものでした。

石原さんが経験されたことは、私とはまったく比較にならないことですが、すさまじい空腹感の中で重労働をさせられ、戦友と並んで座りながら話をしていて、返事がないので「おい」と言って肩に手をかけたら、戦友は死んでいたという状況だったそうです。

そういう状況が長く続き、その中でなんとか帰りたいと思っていた者はみんな死んでいったそうです。期待を持っていただけに、絶望感が深かったわけです。もう帰ることはあきらめたという、一つの断念、思いを断ち切った人だけが、その日その日を生き延びて帰ることができたそうです。

そういう中で、時どき移動させられることがあったそうです。その途中の汽車の乗り換えの所などで、別の所に収容されている日本兵捕虜《ほりょ》とすれ違う時があったそうです。その時は皆、時間がありませんから、ただすれ違う相手の手を握り目を見つめて、「おれは○○出身の何々という者だ」と自分の名前を相手に告げたそうです。つまり、もう帰れないと覚悟は決めているけれども、自分はここでこうして死んでいったということだけはなんとか伝えてほしいという思いを込めて、わずかにすれ違う瞬間に手を握って目を見つめて自分の名前を告げたそうです。

あらゆる手段が失われた最後の最後は、自分の名前に自分の思いのすべてを込めて、相手に名を託《たく》すのです。吉原さんは、別の収容所のトイレの中などにも名前が刻んであり、その刻まれている名前の一字一字に名を刻んだ者の思いが込められているのだと書いておられます。その文を読んで初めて、名前というものはそういうものだということを教えられました。

考えてみますと、日本人は自分の命より名を惜《お》しむということがあり、名前を大事にしてきました。肉体は必ず滅びるけれども、名前は伝わっていきます。だから、名を惜しむということがありました。それから、物を受け取る時も名前で受け取っています。ブランド品のカバンなども、その名前で考えられない高い価格で買っています。たとえば、車といえばトヨタという名前がぱっと浮かぶ、これが大事なわけで、だからこそあれだけのお金を出して宣伝して、もっぱら名前を売り込むわけです。ですから、名前というものは決してただのレッテルではなく、名前を通してものに出会い、名前を通して人に出会い、そして名前をもって人に伝わっていくのです。

この南無阿弥陀仏という名には選択本願《せんじゃくほんがん》があると親鸞聖人は言われます。選択ということは、選び取り選び捨てるということがあるわけです。もろもろの行を捨てて、この名一つを選び取られたということです。

仏教説話『ジャータカ』の中に「鷹《たか》と鳩《はと》」という物語があります。釈尊《しゃくそん》の前生《ぜんしょう》といわれるのですが、ある行者がいて、行を積んでいた時、そこへ鷹に追われて鳩が逃げ込んできたそうです。哀《あわ》れに思って行者はその鳩をかくまってやったそうです。すると、追いかけてきた鷹が行者に向かって「あなたは今、鳩の命を救っていい気持ちになっているかもしれないが、私はその鳩を食べなければ死ぬのだ。あなたは鳩を助けたかもしれないが、この私を見殺しにするのか」と言って迫ったそうです。行者は困ってしまい、「それならば鳩と同じ重さの私の肉をお前にやろう」と言って、秤《はかり》の一方に鳩をのせ、もう一方に自分の肉を削《けず》り取ってのせたそうです。鳩は軽いものですから、すぐに同じ重さになるかと思ったら、どんなにのせても同じになりません。とうとう最後に秤の上に全身を投げ出した時に、初めて重さが一つになったという物語です。そこには、いのちの重さには変わりがないということを教えられているわけです。

この物語の中には、次のようなことが感じられます。その肉を少しずつ削り取って与えておられること、これがたとえて言えば諸行《しょぎょう》です。しかし諸行をもってしては、ついに一人の罪業深重《ざいごうじんじゅう》の凡夫《ぼんぶ》は救えなかったのです。最後に仏が全身を投げ出されたのが、「名号」です。名をもって全身を与える、名をもって自らを与えられたのが「名号」です。ですからこの物語は、まさしく自らの全体を凡夫に与える唯一の道が名前であったという意味がありま す。念仏とは、ただ仏さまの名前を口にするだけのことではなく、名前ということには、そういう大きな意味があるのです。

五　名にまでなった仏さま

名前といえば、人の心をつかまなければならない仕事はすべて、名前を覚《おぼ》えなければ務まりません。まず、政治家の方々は名前をよく覚えられます。自分を応援してくれている人がたまたま事務所に顔を出した時、「どこのだれでしたか」などと言っていては、人気がなくなります。顔を見てすぐ「あ、○○さん」と言い、言った時にはその人の生活のすべてが頭に浮かび、「あなたの娘さんはどうしていますか」などと言えれば、言われた方は「私を覚えていてくれた」といよいよ尊敬というか、この人のためならということになってきます。ですから、まず名前を覚えられなければ政治家にはなれません。

それから、教育にたずさわる学校の教師です。「ちょっとそこの」などと言っていてはだめです。やはり、名前をきちんと言えなければなりません。名前を全部覚えるということは、絶えず眼差《まなざ》しをそちらの方へ向けるということがあります。

もう一つは水商売の方です。水商売の方も、実によく名前を覚えられます。

十数年前に函館で研修会があり、友達が函館の別院《べついん》に勤めていましたから、夜の研修会が終わった後、夜の街に連れ出され彼のなじみの店へ行きました。もともと飲めない体質で心臓が悪いこともあり、あまり飲まなかったのですが、一年たってまた行ったわけです。すると、入ったらすぐにそのママさんが一年ぶりに行った私の名前を呼んでくれましたので、びっくりすると同時に感動しました。そこが函館だから良かったのですが、それが生活の場を置いていている所でしたら毎日行ってしまうかもしれません。それほどに名前を覚えてもらっているということはうれしいことです。

名前は記号のようなものだと思ってしまいますが、よく考えてみると、名前というものほど具体的なものはないのです。名前のところにその人の一生涯が全部、人柄からなにからすべてが凝縮しているのです。人々の中にその名前で刻《きざ》みつけられるわけです。

そのように、仏さまが名にまでなってくださったのが「名号」です。その名前のところには、レッテルのような名前ではなく、名をもって私の願いを受け取ってほしい、私の心を受け取ってほしいという願いと行が詰まっているのです。そこに、名前をいただく、本当に名前に遇《あ》うという時、その名において仏の心に目覚め、仏の願いに動かされていくということが起こってきます。

ですから、念仏申すということは、田んぼの蛙がゲロゲロと鳴くのとは違うのです。形は、外から聞いていれば同じようなものかもしれません。しかし念仏は、その名を称えてほしいと、名をもって私の心を受け取ってほしいという願があり、行がある。そういうことを、善導大師は明らかにされたのです。それが「願行具足」ということです。

私が念仏申すということには、念仏申してこられた歴史があり、その歴史の中で育《はぐく》まれてきたということがあったのです。それが私の思いを超えて、私に念仏させていたということです。もう一つは、その名前は私の心をその名をもって伝えたいという願いと、そのための仏の歩みがあるということが、「願行具足」ということで教えられているわけです。

それを受けて親鸞聖人は、念仏申すということ、念仏の大行ということをいろいろな言葉をあげて明らかにされていきます。

『教行信証』行巻《ぎょうのまき》に、「称名《しょうみょう》はすなわちこれ最勝《さいしょう》真妙《しんみょう》の正業《しょうごう》なり。正業はすなわちこれ念仏なり。念仏はすなわちこれ南無阿弥陀仏なり。南無阿弥陀仏はすなわちこれ正念《しょうねん》なりと、知るべしと」（真宗聖典一六一頁）と記され、南無阿弥陀仏、正念こそが人間として正しい、まさしく人間を成就させていくところの営みであると言っておられます。

「すなわちこれ」「すなわちこれ」と言葉を一つ一つ移して尋ねていくということで、転釈《てんしゃく》という言い方で呼ばれています。親鸞聖人はよくこの転釈ということをされ、次々と言葉を移して心を明らかにされています。この場合は、最後にわざわざ「南無阿弥陀仏はすなわちこれ正念なり」と言い換え、そして「知るべし」と結んであります。ということは、正念ということでなにをわざわざ言っておられるのでしょうか。

六　人間としての感覚

この「正念」という言葉について、次のようなことがありました。曽我《そが》量深《りょうじん》先生（一八七五〜一九七一）は九十六歳でお亡くなりになりましたが、お亡くなりになる前、病床に伏しておられた時に安田理深《やすだりじん》先生（一九〇〇〜一九八二）がお見舞いに行かれました。すると曽我先生が安田先生の顔を見るなり、「安田さん、やっと正念ということがわかりました」と言われたそうです。あの曽我先生が九十六歳までずっと「正念とはどういうことだろう」と心に尋ねておられたようです。安田先生が「どういうことですか」と聞き返されたら、「正念というのは平常心《へいじょうしん》これなりということです」と言われたそうです。「平常心これなり」は、もともとは禅宗《ぜんしゅう》の言葉です。曽我先生はその言葉を通して本願のお心というものに気付かれたのでしょう。

その言葉を聞かれた安田先生が「平常心すなわちこれ常識《じょうしき》ということだと思いました」と言っておられます。そうすれば、「南無阿弥陀仏は正念だ。正念というのは平常心これなりということだ。平常心とは常識だ」ということになり、間を詰めて言えば「お念仏は常識だ」ということになります。するると、わかったようでわからないことになります。そこに常識ということが問題になってきます。

学校での学級崩壊ということが言われ出してきた頃、学級が成り立たないということで、新聞でもいろいろな特集が組まれていました。その中に、小学校五年生までは非常にまじめで気持ちもやさしく、クラス全体をまとめ先生によく協力してくれていた生徒が、六年生になった途端に荒れだすという例が載っていました。新聞では、高学年の六年生のことを「荒学年」とあらわしていました。

いろんな具体例があげられていて、小学校六年生のB君のことが書かれていました。その子供も五年生までは理想的な小学生であったのですが、六年生になったら集中力がなくなり、勉強もせず、いろいろないたずらをしだしたそうです。

特に、同じクラスにいる知的な障害をもったC君をいじめたそうです。先生が注意して「君は弱い者の気持ちがわからないのか」と聞くと、B君は黙って下を向いていて、しばらくして「わからん」とぽつんと言ったそうです。それに対して先生が「おかしな話だけれども、そのB君の〝わからん〟という言葉を聞いた時に、〝そういうことなんだろうな〟と妙に納得するものが自分の中にあった」とコメントしておられました。頭がいいから常識が身に付いているという思い込みがあったということを先生が言っておられました。

頭をよくしていけば、それにつれて常識も身に付いていくという思い込みから、頭をよくすること、学力を付けることばかりをしてきたが、そうではなかったということを気付かされたという話でした。

　そこに常識ということが出てきますが、常識と言われることに疑問が生じてきました。『広辞苑《こうじえん》』で「常識」を調べると、「普通、一般人が持ち、また、持っているべき標準知力。専門的知識でない一般的知識とともに理解力・判断力・思慮分別《しりょふんべつ》などを含む」と記されていますから、こういう限りにおいては、学力が高まっていけば常識は身に付くものでしょう。しかし、一般的な知的な力、標準的な知力、一般的知識、判断力が常識でしょうか。まったく常識を知識というところでしか押さえられていません。

　常識という言葉は、もともとはコモンセンスという言葉を訳したものです。センスというのは、センスが良い悪いと言う時に使う言葉です。つまり感覚です。決して知的な力ではありません。ところが、そういうことはまったく『広辞苑』ではふれていません。ただ、『大辞林《だいじりん》』には四番目程に「共通感覚」とありました。常識とは、人間が共通して持っている感覚ということです。人間ならばそれはとても許せないとか、人間の心があるならばそれはできはしないだろうというのが、常識です。

その感覚こそが、私の生き方を決めているものです。たとえ頭で考えて、その人の言う通りにした方が自分にとって利益があるとわかっていても、小さい時から育てられて身に付いた感覚が言うことを聞かず、感覚にまでなっているところに、生き方が決まるということがあります。ところが、人間としての生き方を決めていく感覚を学校でも育てないし、家庭でも育ててきていないということがあります。

このコモンセンスという言葉は、言葉の流れをたどっていちばんもとにいきますと、ラテン語の「共通の場に互いがいることとの感覚」という意味だそうです。考えてみると、これは現在もっともなくなっているものです。

北海道の旭川駅前に買い物通りがあります。車が通らない広い道の真ん中に椅子《いす》や彫刻があり、その両側に商店がずっと並んでいる賑《にぎ》やかな通りです。その中の大きな四つ角の歩道の真ん中に、六月のそんなに暑くもない日にもかかわらず肌もあらわな女性五人が車座《くるまざ》になっていました。ジュースを飲んだり、大きな声で話し笑い合っていました。初めはなにかパフォーマンスでもしているのかと思いましたが違いました。横を多くの人が通るのですが、ちらっと見るだけでだれも注意しませんし、本人たちもまるで自分の部屋にいるかのように振る舞っていました。それは文字通り「そばに人無きがごとし」、傍若無人《ぼうじゃくぶじん》のあり方でした。

そういうことは、携帯電話でも言えます。みんなが集まっている中で平気で話したりします。共通の場にお互いがいるという、だからお互いに周りの人の心を思い量るとか、心を使うという感覚を私たちは失ってしまっています。特に若い人が、そういうものをまったく身に付けないままに社会に出ています。これは本当に大きな問題になってくると思います。大学に勤めていまして、一年ごとに入ってくる学生のあり方を見ていますと、これでこの学生たちが社会を担《にな》うような時代はどうなるのだろうかという思いを強くします。

七　感覚を呼び覚ます念仏

この感覚という問題を考えてみると、感覚を育むものは儀式です。生活行儀、生活儀式というと、特別なことのように思いますが、特別なことも含めて儀式が感覚を育ててきました。

私の子供の頃は、小遣いをもらえるのは正月のお年玉だけでした。お寺ですから、まだ真っ暗な時分に起こされ、寒くてぶるぶる震えながら本堂へ行き、ともかく早く終わらないかと思いながら座り、お勤めが終わって解放されると一目散に部屋へ逃げ帰りました。しばらくすると、父親が部屋へ入ってきます。そして机の前に座り、私たち兄弟四人に十銭のお年玉をくれました。あの当時、親戚からもらうということはありませんでした。一年でもらう小遣いがたったの十銭でしたが、それだけに貴重でした。

そのころの一銭玉はけっこう大きく、その一銭玉を父親が机の上に並べるわけです。まず兄の前に並べ、次に私の前に並べます。それを取ろうと手を伸ばすとピシッと手をたたかれました。妹の前にも十銭が並べられ、初めてみんなで「ありがとう、いただきます」と言って頭を下げると、父親も頭を下げました。そして初めてもらえました。

あれは、やはり儀式だったと思います。そういう中で、自分だけが良ければいいとか、われ勝ちにということを、たしなめられてきました。振り返ってみると、いろんな形でそういう意味の儀式がありました。つまり、親も子も共に座りなおして向かい合うという、そういう中で別に口でくだくだと説教するのではなく、そうすることの中で良いことと悪いことをたたきこまれてきたという思いがします。そういうことが、私たちの人間としての感覚を育てていくのです。

その儀式とは、ただ一回だけのものではなく、一つの習慣ということです。五木寛之さんの『大河の一滴』の中に、世界のいろんな所を旅行されている冒険家のC・W・ニコルさんの話が書いてありました。ニコルさんに「あなたは南極へも行かれたそうですが、それこそ何日もテントの中に閉じ込められているということがあるでしょう。そういう時に辛抱《しんぼう》づよく、最後まで自分を失わずに耐え抜けた人はどういう人ですか」と聞かれたら、ニコルさんは「それは生活の形を持っている人だ」と答えられたそうです。

そういう所ですから、朝起きてひげを剃《そ》る必要はないわけです。しかし、わずかな水たまりの水でひげを剃り、毎日きちんと着替えて、顔をあわせると「おはようございます」と言う、そういう形を身に付けている人は最後まで精神的にまいらない、そういう状況に耐えていけると語っていたことが載っていました。

現在、そういうものがすべて崩れ、気分のままに生活していると、その気分に行き詰った時はもうどうしようもないわけです。習慣が身に付いていると、気分では今日はもうしんどくてごめんだと思っても、なにかしないと落ち着かないし、なにかしないと一日が始まらないということになります。そこに身を正《ただ》すということが出てくるのです。気分のままに生活している時には、そういうことが耐えられないということがあらためて気付かされるわけです。

そこに常識とは、人間としてみんなが持っている感覚、人間ならばこれだけはできない、人間ならばこういうことは許せないという感覚です。そういうものを私たちが見失っているところに、現在のあらゆる人間関係が崩れ去り、成り立たなくなってきているということがあります。

そういう中で、私たちは一人でいるということに耐えられません。そこで出てきたのがペットロボットです。犬の形をしたロボットで、センサーで場の状況に応じて喜怒哀楽《きどあいらく》の反応をしてくれるわけです。また内蔵されているコンピューターによって習慣付けができるそうで、「たった一匹しかいない、あなただけの個性あるロボット」というような売り文句が書いてあったそうです。一台二十五万円もするのですが、宣伝するでもなく、インターネットで日本で三千台、アメリカで二千台を同時に売り出すと、わずか二十分で売り切れたそうです。

そして今度は、別の会社が猫のロボットを造り、さらに別の会社が熊のロボットを造ったそうです。それから、十人までの人の顔と名前を覚えるロボットができたそうで、三百語の言葉を記憶しており、その範囲内で会話ができるそうです。顔と名前を覚えていますから、朝に顔を合せると「○○さま、おはようございます」と言ってくれるそうです。

結構なことのようですが、こうなれば人間関係はいよいよ切り捨てられていきます。自分にとっておもしろくない人と出会う必要はないわけです。自分の思い通りになるロボットで孤独を紛《まぎ》らわしていけるわけです。

そういう中で、私たちはどんどん人間であることを失ってきています。もう一度、人間としての感覚、お互いに人間として共通の場に共に生きているのだという感覚を取り戻すことが必要です。

みんなに共通する人間のいちばん底にあるものを呼び起こしてくるような、そういう感覚を身に付けさせる、そういう人間としての常識を私たちの上に開いていくものがお念仏です。お念仏によって特別な人間になっていくのではなく、お念仏によっていちばん人間らしい人間として持っているべき心、感覚を私たちの上に呼び覚まされ、そして成就されていく、そういう唯一の道がお念仏なのです。

「南無阿弥陀仏はすなわちこれ正念なりと、知るべしと」と親鸞聖人が言われ、その正念を曽我先生が「お念仏は平常心だ」と言われ、それを安田先生が「お念仏は常識のことだな」とうなずかれました。そこにあらためてお念仏ということの意味を思い知らされることです。

お念仏、真実の行ということは、個人としての私がだんだん大きくなっていくとか、立派になっていくということではなく、いよいよ同じ人間としての、共に生きている者としての心に帰らされることです。そして、そういう心に生かさせていただく人間になっていく道だということが真実の行、大行として示されているのです。

真実の信

一　信心とは

　この真実信心《しんじつしんじん》の真実は、一口で言えば混じりけのないことと言えるかと思います。信心にどういう混じりけが入るかと言えば、福井県に米沢英雄《よねざわひでお》（一九〇九～一九九一）という医者で念仏者の方がおられ、その米沢先生は「そろばん勘定《かんじょう》の信心」という言い方をされました。信心にそろばん勘定が入っていると。普通、信心と言えば、神さまや仏さま、そういう人間の力を超えた偉大な存在に回向《えこう》して、その回向に応じてご利益《りやく》をいただくということが、信心の営《いとな》みだと思っております。

　これは、私たちの中にある意味で深く根付いている信心の理解ではないかと思います。その上で、自分が回向したものと、それによってたまわったご利益とをそろばん勘定してみるわけです。自分のした回向に見合うご利益があれば、あの神さまや仏さまは信心に値《あたい》するということになります。しかし、一生懸命に回向したのに、少しもご利益がないということになりますと、あの宗教、神さまや仏さまはだめだとなります。

そのように自分のした善根《ぜんごん》、回向した善根と、たまわったご利益とを絶えず天秤《てんびん》にかけて、そろばん勘定をはじいています。これが混じりけです。つまり、私たちの分別《ふんべつ》が混じるのです。分別のところで、信心をたてているのです。していることは、確かに信心です。しかし、その信心の心を押さえてみると、どうも私たちの分別というものが深くトグロを巻いています。

テレビなどにもよく出ておられ、いろんな本を書かれている、ひろさちやという方がおられます。そのひろさんは「自動販売機の信心」という言い方をしておられます。私たちが自動販売機の前に立って、どれを飲もうかと考え、お金を入れてボタンを押して、飲みたいジュースなりお茶なりを取り出すわけです。そのように家内安全、商売繁盛などのお札が入っている自動販売機を前にして、自分のいただきたい功徳、ご利益を選んで、そしてそのために必要なものを差し出すわけです。それを「自動販売機の信心」だという言い方をされていました。

存覚上人《ぞんかくしょうにん》の『浄土真要鈔《じょうどしんようしょう》』という書物の中に、この真実の信心について「一念帰命《いちねんきみょう》の信心は凡夫自力《ぼんぶじりき》の迷心《めいしん》にあらず」（真宗聖典七〇四頁）と書いておられます。この場合の迷心は迷い心です。普通に迷信と言えば、とんでもないものを信じて迷ってしまう、迷いの信心という意味で迷信と言います。

しかし、この場合は、どこまでもお念仏を信じ、阿弥陀仏《あみだぶつ》を信じているけれども、その信ずる心が、凡夫自力の迷い心だと言うのです。いろんなご利益というものに迷う、自分の計算する心に迷う、そういう迷い心なのです。それに対して「一念帰命の信心は凡夫自力の迷心にあらず、如来清浄本願《にょらいしょうじょうほんがん》の智心《ちしん》なり」と、智慧《ちえ》の心であると言っておられます。

この自力という言葉はよく聞かれると思いますが、親鸞聖人が『一念多念《いちねんたねん》文意《もんい》』という書物の中で、「自力というは、わがみをたのみ、わがこころをたのむ、わがちからをはげみ、わがさまざまの善根《ぜんごん》をたのむひとなり」（真宗聖典五四一頁）と言っておられます。そこに全部「わが、わが」とありますように、私の力、私の身、私の積んだ善根、そういう「わが」という心を離れないのが自力だと言っておられます。「わが」という心において、善根を積み、自分の力を尽くすのです。それは全部、自分というものを握り締めている心にすぎないということを明らかにしておられます。

ですから「凡夫自力の迷心」というのは、どこまでも自分の心をたのみにし、自分が信じているというその善根をたのみにするということです。そういう「凡夫自力の迷心にあらず、如来清浄本願の智心なり」という言葉から、如来清浄本願の智心というこの如来におさめてしまえば、「信心は如来の心なり」ということになります。如来の心とは、清浄本願の智慧の心ということですから、信心とは如来を信じる心ではなく、如来の心なのです。もう一つ言えば、如来の心をいただくことが信心であって、どこかにおられる如来さまをこちらから信ずる、自分の力で信ずる、自分の心で信ずるということではないのです。

どこかにおられる如来さまというものを自分の心で信じるという時には、必ず自力になるのです。これだけ信じておりますからということになります。『歎異抄《たんにしょう》』に「源空《げんくう》が信心も、如来よりたまわりたる信心なり。善信房《ぜんしんぼう》の信心も如来よりたまわらせたまいたる信心なり」（真宗聖典六三九頁）とあり、法然《ほうねん》（源空）の信心と親鸞《しんらん》（善信）の信心は一つだとあります。それぞれの心で、それぞれの力で起こす信心ならばそれぞれ別々なのでしょう。だけどもたまわる信心、如来の心ですから、それは一つだと言っておられます。ですからもう一つ言い換えますと、私たちは如来によって救われるのではなく、信心に救われるのです。信心が救いなのです。

私たちは自分の力で如来さまを信じて、その如来さまに救われると、または如来さまの力、そういう力に救われるものが信心だと思うのですが、実は決してそうではないということを、親鸞聖人が明らかにしておられます。

しかし、如来さまより信心をいただいて、そのいただいた信心によって救われるというのなら、やはりそれは如来さまに救われるということではないのか、という疑問が当然まだそこに残るかと思います。

何年か前に、「知ってるつもり?!」というテレビ番組で、親鸞聖人のことが二時間の特集で放送されました。その中で、先ほどのひろさちやさんも出ておられ、他の出演者に「如来は、仏は、十方の衆生《しゅじょう》を平等に救うと誓われ、成就されています。そうすると、今、太平洋のど真ん中で百人の人が溺《おぼ》れているとしたら、如来さまはだれから救われると思いますか」という質問をしていました。平等に救うということはだれから救うことになるのかという質問です。当然、だれも答えられず、出演者は首を傾《かたむ》けていました。

しばらくして、ひろさんが「たまたま、側《そば》にいる人から救われます。成績十点の人から救っていくとか、年が若い人から救っていくとか、こういう人から救うという基準はなにもありません。言うならば、平等に救うということは、デタラメに救うということです。順序などはありません。そういう基準がいっさいないのです。だから平等ということは、デタラメということと同じです」ということを言っておられました。

これもどうかと思います。デタラメはやはりデタラメです。『歎異抄』に「まず有縁《うえん》を度《ど》すべきなり」（真宗聖典六二八頁）と、有縁の人から救うと記されています。それはある意味で、側近くの人でしょう。ただその場合も、ともすれば船の上に如来さまが乗っておられて、溺れている人びとを手近かな人から次々と救っていかれるという姿が思い浮かびます。そうすると、やはり如来さまという方が救われるのかという印象が強く残ります。

けれどもそうではないのです。仏教はどこまでも仏法です。法で救われるのです。たとえ如来といえども、直接、如来という存在に救われるのではないのです。すべての人が等しく救われる法を明らかにされ、その法を成就されたのが阿弥陀如来であり、その法に気付いてくれ、法に目覚めよと呼びかけ続けていてくださるのが如来なのです。

　私たちはやはり自力の心が強くあります。自分の力でなんとかもがいて救われようと、どうしても体に力が入りますから溺れてしまいます。体の力を抜いて、水に身を任せると不思議と体が浮きます。力を抜け、水に任せよ、そしたら必ず浮くということを呼びかけ続けてくださっているのです。そのように、法を明らかにして、その法に目覚めよと呼びかけ続けてくださっているのが如来さまです。決して如来という、そういう存在の力で救ってくださるのではないのです。

　法に依《よ》るということが根本です。そして、信心が救いであって、信心を手段にして、信心によって救いをいただくというのではないのです。信心が如来の心であり、その如来の心をたまわること、信心そのものが救いなのです。

　このことを、親鸞聖人は『教行信証《きょうぎょうしんしょう》』化身土巻《けしんどのまき》に「信心を彰《あらわ》して能入《のうにゅう》とす」（真宗聖典三四六頁）と書いておられます。つまり、信心をあらわして願うのです。願いに入る、救われる道とすると言っておられます。これは「正信偈《しょうしんげ》」に法然上人の教えとして「必以信心為能入《ひっちしんじんいのうにゅう》」（真宗聖典二〇七頁）と記されていますように、法然上人は「信心をもって能入とす」と言っておられます。その先生のお言葉を離れて親鸞聖人は「信心を彰して能入とす」と書き換えておられます。この言葉のもとは曇鸞大師《どんらんだいし》にあります。曇鸞大師が「信を彰して能入とす」（真宗聖典二三二頁）と言っておられます。ですから、法然上人をさかのぼって曇鸞大師の言葉を親鸞聖人は自らの言葉として『教行信証』の中にあげておられるのです。

この「彰して」の「彰」という漢字は、たとえば「表彰《ひょうしょう》する」、あるいは「顕彰《けんしょう》する」という時に使います。つまり、うずもれている徳を掘り起こして、広く世間の人々に伝えるというのが、表彰とか、顕彰という言葉です。顕彰碑《ひ》を建てるというのは、その人の徳を後々の世まで広く人びとに伝えるためですから、「彰」にはうずもれているものを掘り起こすという意味があります。

法然上人は「信心をもって」と言われています。別のことを言われたわけではないのですが、やはり「もって」とありますと、先ほどから言っていますように、信心を手段として、これだけ信心しているのだから私を救ってくれてもいいだろうと、やはり信心というものによって救われていくのだという言い方になります。

親鸞聖人は「信心を彰して能入とす」と言われ、信心で涅槃《ねはん》の城《みやこ》に入るのではなく、信心がもう涅槃の城に入っているということなのです。そのことを明らかに顕《あらわ》すということが教えられてくるわけです。

二　信心、それこそが救い

やはり私たちはどこまでも、信心ということで如来に救われていくのだと思ってしまうのですが、そうではなく、信心それこそが如来の心です。私の中に如来の心が呼び覚まされ、如来の心によって私が満たされ、如来の心が私を歩ませるのです。その信心こそが救いなのだということを、親鸞聖人は教えてくださっています。

その如来によって呼び覚まされる心、呼び覚まされた心ということについて、親鸞聖人は「信心を発起《ほっき》する」あるいは「信心開発《かいほつ》」という言い方を常にされます。善導大師《ぜんどうだいし》のご和讃の十三番目に「釈迦弥陀《しゃかみだ》は慈悲《じひ》の父母《ぶも》　種種《しゅじゅ》に善巧方便《ぜんぎょうほうべん》し　われらが無上の信心を　発起せしめたまいけり」（真宗聖典四九六頁）とあります。この「発起」という言葉の横に、親鸞聖人がお書きになりました御草稿本《そうこうぼん》に、いわゆる左訓《さくん》と呼んでいますが、左側に仮名《かな》でこの言葉の意味が書き加えられています。

そこに、まず「ひらきおこす」「たておこす」と書かれまして、その次に「昔よりありしことをおこすを発という。今始めておこすを起という」と横に書き加えておられます。つまり信心を発起するということは、なにか今までまったくなかったものが、今度新しく付け加えられたということではなく、そこに起こされたものは「昔よりありしこと」と言われます。

昔よりということは、まず自分自身が気付く前から私の中にあったということです。私がこの身にいのちをいただくとともに、そのいのちのはたらきとしてたまわった心を、「昔よりありしことをおこされた」というのです。つまり信心とは、私たちのいのちそのものなのです。いのちと共にたまわっているものなのです。

ただ私たちは、『安心決定鈔《あんじんけつじょうしょう》』という書籍に「すこしこざかしくなりて、自力にて」（真宗聖典九五九頁）とあるように、少し自分の分別がはたらくと、こざかしく、自分の理知分別をたのみにしてしまいます。すべてわが力、わが功徳とし、その自分の理知分別を握り締めて、その結果、昔よりたまわっているものを忘れてしまい、覆い隠して気付かないままに、ただ理知分別を振り回しています。

その理知分別を振り回して生きてきたこの私に、いのちの本来に帰れ、いのちそのものに帰りなさいと呼びかけられることによって目覚めさせられる、それを「発」というのです。だから、起こってきた信心こそが、人間のいのちなのです。

来年の三月、七十歳の定年を迎える私にとって、学生は孫みたいなものですから、今の若い人たちの心の動きといいますか、思っていることがなかなか理解できません。多くの学生たちが、信じられるものはなにもないということを言います。どれだけ信じられるか、信じられないかを問い詰めたかというと、いい加減なことが多いのですが、気分としても信じられないというところにへたりこんでいます。その時には、その学生たちは決して生き生きとしていません。非常に投げやりな、空《むな》しい顔をしています。その生活にも、まったく情熱が感じられません。

つまり信心、信ずるということがなかったら、人間は本当に、このいのちを輝かし、情熱をもって、この人生を生きるということはできないのでしょう。それは身近に言えば、家族であってもいい、その人にとってなにか信じられるものがある時、人間は情熱をもって生きるということがあります。

自分の人生を投げ出さずに、一生懸命生きようとする心が呼び覚まされてくるのです。信じることにおいて輝くのがいのちです。信じるものを失う時、空しくなり、投げやりになるのがいのちです。また、信じるということは、いのちの一つの営みではなく、信じるということこそ、いのちの本来の営み、根本の営みです。

しかし、私たちは「すこしこざかしくなりて、自力にて」と言われるようなあり方を生きてきました。自分の分別をなによりも物差《ものさ》しにして、それをたよりに生きてきました。その私たちに、善導大師は「帰去来《いざいなん》」、さあ帰ろうと呼びかけておられます。

善導大師は「帰る」という言葉を用いられていますが、それはやはり、もとよりありし心に帰るのです。分別よりももっと深く、私のいのちそのものとして、この身にいただいていたその信心に帰るのです。如来の心に満たされた、その信心に帰るというのが、この「帰去来」という呼びかけです。

それこそ、先ほどのひろさんの太平洋に溺れているという話を借りて言えば、私たちはみんな浮き上がるはたらきをたまわっているのです。ただそれを、自分の分別でもがくために、いよいよ沈んでいくのです。だから、そういうもがく心、分別を捨てて、力を抜きなさい、自力を捨てなさいと呼びかけられているのです。その呼びかけに従う時、力が自然と抜ける時、おのずと体が浮き上がるのです。

あたかも、そのように信ずる心というものに帰る時、私たちはそこに、この本願の世界を生きる身として、確かな人生をたまわるのです。そういうことをあらわして、親鸞聖人は「信心を彰して能入とす」と言っておられるのだと思います。「信心をもって能入とす」ということを、もっと現実に深く押さえて、信心それこそが、救いであるということです。

もう一つ付け加えますと、親鸞聖人は『浄土文類聚鈔《じょうどもんるいじゅしょう》』という本を書いておられます。その中に、『教行信証』の中の「正信偈」と同じ位置を持つ、「文類偈《もんるいげ》」という偈文があります。そこに「信心開発即獲忍《しんじんかいほっそくぎゃくにん》、証知生死即《しょうちしょうじそく》涅槃《ねはん》」（真宗聖典四一二頁）と書かれています。

その「信心開発即」の「即」という文字は、その時そのままです。あるいはそっくりそのままという意味をもった「すなわち」です。ですから信心を開発した時、その時そのまま、そっくりそのまま獲忍、つまりさとりだということです。「忍」というのはさとりの智慧です。だから信心開発それがそっくりそのまま、さとりをいただいたということなのです。『真宗聖典』では「信心開発すればすなわち忍を獲《う》」という読みをしてありますが、そこには信心のほかにまた別にさとりがあるのではなく、信心こそが救いであり、信心こそが本願の世界を開く確かなさとりであると言っておられます。そういうところに信心ということの意味が、広く、深く押さえられているわけです。

三　法を閉ざし、自分を見失う

この「文類偈」の「信心開発即獲忍」という言葉は、親鸞聖人がその身にうなずかれた非常に強いお言葉です。普通には、信心といってもそれはどこまでも手段にすぎません。ある方が新興宗教に入られ、「信心したら、ご利益があると聞いた。だけどすこしもご利益がないじゃないか」と言われたら、

「それはお前の信心が足らないからだ」と言われたそうです。「では、どうすればいいんですか」と聞いたら、「一日に何万回この題目《だいもく》を唱えなさい」と、「それから、その地域の会合にもっと熱心に参加しなさい」と言われたそうです。

そうすると信心といっても、それは具体的にはお題目を唱える回数とか、そういう会合に出席する回数とすれば、それは行でしかありません。自分の積んだ善根で救われるということに他なりません。信心と言っているけれども、内実はただ普通の善根を積むことでしかないのです。そういうあり方に対して、信心それこそが救いなのだということを、明らかにしてくださったのが親鸞聖人だと私はいただいています。

ただ私たちは、先はども言いましたように、自分の理知分別というものから離れられないという現実があります。蓮如上人《れんにょしょうにん》の『御文《おふみ》』二帖目第十三通に「無明業障《むみょうごっしょう》のおそろしき病《やまい》」（真宗聖典七九二頁）というお言葉があります。この第十三通の最後に「文明六年」とあり、書かれた年月が記されていますが、文明六年と言えば、蓮如上人が六十歳の時です。また、初めて本願寺門徒が大きな戦いに巻き込まれていき、吉崎御坊《よしざきごぼう》が焼けた年です。蓮如上人の御一生はずっと激動の年ですが、中でも大きな曲がり角であった年です。

この第十三通は文明六年に書かれ、「当流《とうりゅう》の安心《あんじん》のおもむきをくわしくしらんとおもわんひとは」という言葉で始まる文章があります。その言葉、「当流の安心のおもむきを」というところから最後までが、五帖目第十二通にもほぼ同じ内容で出てきます。ところが、その五帖目には書かれた年月日がいっさい記されていません。他の四帖はすべて年月日が記され、いつ書かれたものということがはっきりしています。

この五帖目には年月日が書かれていないということは、なにもただ単に書かれた年月日がわからない御文だけを集めたということだけではないと思われます。『御文』の編集者の意図はわかりませんが、このように同じ御文が前にあるわけですから、五帖目の十二通も書かれた年月日がわかるわけです。ということは、この五帖目というのは、そういう、いつ、どこでということを超えて、およそ真宗の安心についての根本、あるいは要《かなめ》のことが明らかにされている御文だと言えると思います。「当流安心のおもむき」を明らかにしようとする時は、その御文に聞くべきという御文が収められていると言っていいかと思います。

そこで「無明業障のおそろしき病」という言葉は、そのように『御文』の中の二箇所に出されてきます。「無明業障」という言葉自体は、善導大師の『法事讃《ほうじさん》』という書物の中にあるものです。おそらく蓮如上人も『法事讃』を深く学んでおられたと思います。ですから、このお言葉はやはり心の中にきちんと受け止められての御文だと思います。

その『法事讃』で言いますと、善導大師は「過現《かげん》の諸仏《しょぶつ》皆」、過去と現在の諸仏が皆、「来《き》たりて化《け》すれども」、この私のところにまで来たりて、この私を教化されたが、「無明業障をもて相逢《あいあ》はず。慚愧《ざんぎ》す」と書いておられます。そうすると無明業障というのは、この過去、現在の諸仏が皆この私のために法を明らかにし、伝えてくださっているにもかかわらず、この私に呼びかけ続けていてくださるにもかかわらず、その仏の教えに逢えないままに流《る》転《てん》させているもの、それが無明業障というものだということになります。

無明業障のために、過去現在に来たりて、この私を教化したもう、そのはたらきの中にあって、なお仏法に逢わぬものなのです。いわばこの私を空しく過ごしている、空過《くうか》させていくものが無明業障だと押さえられています。「三帰依文《さんきえもん》」というものがあります。よく聞法の集いでも最初に唱和することがあります。「人身《にんじん》受け難《がた》し、いますでに受く。仏法《ぶっぽう》聞き難し、いますでに聞く」という言葉から始まっています。この私がこの世に、それこそ受けがたき人身、人間としてのこの身をたまわってこの世に生まれてきた、その世はどういう世かと言いますと、過去以来ずっと、聞きがたき法を聞き伝える、私にまでその法が語り伝えられてきた世です。この聞きがたき法に今、遇《あ》うことができたという「仏法聞き難し、いますでに聞く」という感動に満ちた世界なのです。

曽我《そが》量深《りょうじん》先生はよく「ただごとでない」という言い方をされました。楽に暮らしたい、おもしろく暮らしたい、という根性《こんじょう》からすれば、夏の暑い日に多くの人が話を聞くためにわざわざ出てこられることは、これは〝ただごとでない〟のです。

そこには、皆さま方お一人おひとりのお気持ちというものの尊さもあるわけですが、しかし、やはりそれだけでは成り立たないことです。私たちのご先祖が以来ずっと、そういう歴史が伝えられてきたという世界を築かれてきたのです。その歴史と世界の中に生まれさせていただいたからこそ、この私が今聞法の場に出遇《であ》っているという、そういう〝ただごとでない〟ことが起こっているのです。

なにか志《こころざし》を起こす、あるいはもがいたり、悩んだりして求めていけば、聞法という形になるかというと、そうはならないのです。そういう世界があり、そういう歴史がなかったら、決してこういう聞法というのは、こういう形は生まれて来ないのでしょう。聞法というと、ただ座って聞いているだけのようですが、そういうことが私の上に開かれてくるということは、本当に〝ただごとでない〟のです。

ただ私たちは、そういう仏法に満ちた世界に生まれさせていただきながら、しかもなお「相逢はず」ということがあります。聞法の場に足を運んでいるのだけれども、では本当に本願に逢ったかということになると、なかなかそうだとは言えないものを内に感じます。

そういう歴史に遇い、歴史の中にいのちをたまわり、そういう世界の中に生かしていただいていながら、しかもなお「相逢はず。慚愧す」と善導大師は言っておられます。ですから無明業障というもの、それを「おそろしき病」と蓮如上人は言っておられるのです。これだけの歴史、世界をたまわりながら、それを空しくさせてしまうのです。仏法を閉ざし、自分を見失う、そういう「無明業障のおそろしき病」だと蓮如上人は言っておられるのだと思うのです。

四　なんでもわかっているつもりの私

では、その「無明」とはなにかということになります。無明ということは決してなにもわからないということではありません。そうではなく、なんでもわかっているつもりになっている、なんでもわかったこととしている心です。

仏法とはこういうものだ、念仏とはこういうものだと、いつの間にか自分の物差しで測ってしまいます。自分の答えを持っています。やはり、自分の答えに合う話はいい話であり、自分の答えに合わない、物差しに合わない時には「なんだあれは」ということになります。そういうことは、私たちの中に抜きがたくあります。

それこそ、作家のミラン・クンデラという人が、愚《おろ》かさということについて、「人間の愚かさとは、何に対しても答えを持っているということだ」と言っています。普通、私たちは愚かということは答えを持っていないことだと思っています。答えがない、それを愚かだと思っています。

しかしミラン・クンデラさんは、そうではなく、人間の本当の愚かさとはなにに対しても答えを持っている、わかったことにしていることだと言っています。そして答えを持ってしまうと、人間はその答えに合わせてこれはいい、これは悪いと判定するだけで、本当にそのものを理解しようと、あらためて眼差《まなざ》しをむけ、耳を傾《かたむ》けるということをしなくなります。

これは教育においても同じことが言えます。子供とはこういうものだと、学生とはこうあるべきものだという答えを持ち、その答えから判定をしているわけです。もう一度その子供の、いのちの叫びに耳を傾けようということをする前に判定してしまいます。

それは家庭においても同じです。わが子というものに本当にもう一度、もう一度というのは本当に眼差しを向けたことがあるのかということですが、そうでなくて、わが子というのをわかっているつもりになって、そのお前がそんなことをしていてどうなるのだと判定ばかりをしています。そのことによって、どんどん隔《へだ》たりができ、事実から遠ざかるのです。

その答えを握っているがゆえに、事実がわからなくなり、事実に生きるということがなくなるのです。これを愚かさと言っておられるのです。『蓮如上人御一代記聞書《ごいちだいききがき》』の中に、いろいろな表現をもって、そのことが押さえられています。たとえば「とおきはちかき道理、ちかきは遠き道理なり」（真宗聖典八七八頁）というお言葉があります。

「とおきはちかき道理」に示されますように、自分が子供の心からどんなに遠く隔たり少しもわかっていないか、そのことを深く悲しむ心がいちばん子供の心に寄り添う心、近く生きる心です。逆に「ちかきは遠き道理なり」と言われるように、私こそが理解していると、私がいちばん近くに寄り添っているのだと、そう自負している心が、実はいちばん遠く離れている心です。

続いて「「燈台本《とうだいもと》くらし」とて、仏法を、不断、聴聞《ちょうもん》申す身は」、いつも仏法を聞いているものは、「御用をあいみて、いつものことと思い」、もうわかっている、またあの話かと、いつものことと思い、「法儀《ほうぎ》におろそかなり」と言われます。「遠く候う人は、仏法をききたく、大切にもとむる心あるなり」、自分がいかに仏法から、仏縁から遠く隔たっているかを知っている人は、それこそ遇いがたき縁に遇うた時には、本当に一文一句聞かずにはおれない、「大切にもとむる心あるなり」と言っておられます。「仏法は大切にもとむるより、きく者なり」と、大切に求めるということから初めて聞かれてくるものなのだと言っておられます。

また「心得たと思うは、心得ぬなり」（真宗聖典八九四頁）という言葉があります。わかった、十分に理解している、了解している、心得たと思っているのが、いちばん心得ていないのです。「心得ぬと思うは、こころえたるなり」と言っておられます。それは、何事にも答えに立たない、自分が手にした答えを定規《じょうぎ》にしてものを測り、判定するということをしないということです。どこまでも、本当にはわからないというところ、そういう自分に帰るということです。そこで初めて、求めていくということがあるのです。

これはミラン・クンデラさんが、無明という言葉はもちろん使っていませんが、人間の愚かさということを答えを持っているということと言われるように、なんでもわかったつもりになって、全部耳かじり、テレビなどでちらちらと聞いた言葉だけで、あいつはこういうやつだと決めてしまう、そういう心を愚かと言うと指摘されています。

五　「いのち」を見失った現代

そこにあるものは、自分の理知分別というものをなによりも確かなものとして、それに酔《よ》うということがあります。現在の、ある意味で進歩、発展した社会というものを作りあげてきたものは、いうならば私たちの理知分別です。具体的には科学技術の力です。ただ理知分別というものは、文字通り「分ける」ということで、そこで明らかになってきたことが確かな事実です。

しかし、本当に理知分別によって生きた事実が明らかになってきたかというと、逆に生きた事実はいよいよわからなくなってきたということがあるわけです。今日では、ある方は「現代においては、死を操作し、生を製造する。そういう時代になった」という言い方をしておられます。死を操作するというのは、臓器移植などです。脳死判定とか、そういう形で行われている一連の医学の問題がそこにあります。生を製造するとは、今話題になっていますヒトゲノムという遺伝子の問題です。私たちの遺伝子の全体が解読されるということになり、その解読したものによって造りあげていけば、同じ生ができるそうです。こういうことになりますと、聞いていてもなかなかわかりません。

つまり、生も死も全部、専門家の専門的な知識で判定されるものになってしまっています。私たち一般のものには、科学の進歩、医学の進歩とともに、いよいよ生も死もわからなくなってきています。私たちはまだ命があるのでは、まだ生きているのではないかと思っているものを、専門家は「もう死んでいる」と判定されるということが起っています。

歌人の吉野秀雄《よしのひでお》という方が死ということについて「こときれし母がみ手《て》とり懐《ふところ》に温《ぬく》めまゐらす子なればわれは」と詠《よ》んでおられます。かつては死というのは、まさにいのちが刻々に去っていくということであり、死んでいかれる、その長いいのちの営みを死と言っていました。そこではだんだんと体が冷えていき、その冷えとともに「あぁ、いのちが去っていった」と私たち素人もみんな実感させられました。だからこそ少しでも温《ぬく》もりが残るようにと、一生懸命に親しい者が手足をさすり、温めてきたということがあります。それこそが、私たちみんながそのいのちの営みにふれながら、人を見送るという姿であったと思うのです。

しかし、今はお医者さんが判定してくださいます。これは私たちには、なかなか納得のいかない姿で、ただ数字を示されるということです。結局、生も死も専門家の専門的な知識だけのことになって、私たちはそれをただ聞くほかにないわけですが、なにか釈然《しゃくぜん》としないのです。だから、生と死が科学の力でだんだん明らかになってきたと言われますが、現実は生と死がいよいよわからなくなってきています。

そして最後は、たとえばこのヒトゲノム解読にしても、脳死判定ということにしても、それは医学の専門家の独断に任すわけにはいかないということで、法律を作ります。脳死判定の法律、ヒトゲノム解読についての法律、結局は生も死も法律が定めるということになってきています。なにかそこでは、それこそ温もりがあるいのちというものは、どんどん見失われていくわけです。

現代の文明というものが、進歩、発展して、すべてが明らかになって、確かな生き方ができるようになったかというと、どうも逆です。それこそあらゆる事実を全身に受け止めながら念仏とともに生きていかれた、そういうお年寄りの生き様の中になにか確かな人間のいのちが感じられるということが、現在においては全部失われてきています。そこには、この身にいただいているいのちそのものを見失い、ただ科学の力で解明されたという、言うならば情報に振り回されて生きていくということになってしまっています。

六　如来の心を生きる生活

ましてや信心の言葉、私たちをうながし、目覚めさせようという呼びかけに対して、私たちがそういう理知分別を握り締めている限り、その呼びかけは空しく消え去って、「相逢はず」ということになります。逢うていながら逢わせない、現にその世界の中にいながら出逢わせない、結果、そういうことをしているということを無明業障という言葉で言っておられるのだと思うわけです。そういう無明業障というものが、それこそ深く慚愧されるのです。

無明業障ということは、まさに業障というように、どこまでいっても、やはり理知分別は捨てて生きていないわけです。それをまったく離れて生きるなどということはありえないのです。ただ、その理知分別を物差しとして生きてきたことによって、お互い人間のいのちがいよいよ深く出遇い、お互いのいのちの温もりがいよいよ保《たも》たれてきたのではなく、逆に人間関係がばらばらになり、一人ひとりのいのちが曖昧《あいまい》になってきています。

そういうことを深く悲しむ心、無明業障の、それこそ恐ろしき病を深く恐れ悲しむ心、それだけが私たちをして本願の言葉に帰らせるのです。それは一度帰ったら、それで万事終わったということにはならないのです。生きているかぎり、やはり無明業障を尽くすのです。だからこそ常に聞きなおし聞きなおし、あらためて本願に帰るということが教えられてくるのだと思います。

真実の信心とは、決して、それによって救いを手にしようとするという営みではなく、如来によって呼び覚まされた、この私のいのちの営みなのです。だから信心を確かにいただく時、そこに私のいのちは初めて花開くのだということを、親鸞聖人はその生涯を尽くして教えてくださったと思うのです。また、蓮如上人も「無明業障のおそろしき病」というような言葉で、その言葉一つにおいても私たちが持っている、それこそ病というものを厳しく教えてくださっているわけです。そういうことを、あらためて聞きなおすことです。

真実信心ということは大変大きな問題で、そのこと一つに尽きるわけですから、とても言い尽くせないのですが、ただ一つ、信心それが救いだと、信心によってなにか救いを得るのではなく、この身にたまわった信心、呼び覚まされた信心こそ、私の心を開き、如来の心によって生きるという生活を呼び覚ませてくださる唯一の道なのです。

真実の証

一　未来によって人は決まる

親鸞聖人《しんらんしょうにん》の『教行信証《きょうぎょうしんしょう》』は、真宗《しんしゅう》の根本聖典です。正式名称は『顕浄《けんじょう》土《ど》真実教行証文類《しんじつきょうぎょうしょうもんるい》』といい、そこには「信」の文字は入っておりません。それを私たちは略して『教行信証』と呼ばさせてもらっているわけです。そこには、ただ書物の題ということだけではなく、『教行信証』という言葉の中に本願念仏《ほんがんねんぶつ》の教えということがあらわされているわけです。

これは、仏教の一般の言い方からしますと、まず教えを教えとして尊び、その教えを立派な教え、間違いのない真実の教えとして信じ、そして問題はその尊び信ずる教えをどこまで実践するか、どこまで自分の生活の上で、この身に行じていくことができるか、その行によって証が決まってくるのだと、行が証を勝ち取るのだというのです。

どれだけ尊敬しても、その教えによって行を積むということがなかったら、そこには証は開かれてこないというのです。行をどれだけ実践したか、どれだけ実際にその教えを生きたか、それが決め手になるのです。そこでは教・行・証というのが仏教一般の言い方です。

それを親鸞聖人は、教行・信・証と言われたのです。要は信ずるという一点にあると言われたのです。ここでは行は、私の実践、私がどれだけ努め、行なったかという意味ではありません。教えが私に向かってはたらいてきてくださる、法のはたらきがお念仏となって私の上にまではたらいてきてくださる、その法のはたらきを行と言われるわけです。

だから親鸞聖人は、これを「大行《だいぎょう》」と言われます。私の、個人の実践ではなく、法の歩みだということを「大」という言葉であらわし、個人を超えているその大行をどこまで身にいただくかいただかないか、信ずるか信じないか、その一点にこの仏道の成就がかかっていると言われます。信ずるその時、ただちに身に受けるもの、それを「真実の証」と教えてくださっています。

私たちは人間というものを普通どこで見るかといいますと、だいたい過去です。就職するのでも一般的に履歴書《りれきしょ》が必要です。履歴書というものは、私の過去を書いてあるわけです。何年何月に生まれて、どういう学校を出て、どういう会社に勤めて、そして何年たってこういう地位にまでなっていると、そういうことで私たちは一人ひとりを評価していくわけです。あの一流の大学を出ている人なのか、よほど頭がいいのだろうなとか、あの会社で部長をしている人なのかなど、肩書きでその人を計るということがあります。

そのことは、信心の世界においても変わらなかったのです。この人は一体どれだけ善根《ぜんごん》を積んだか、どれだけ悪行を重ねてきたか、それまでのその人の歩みが証を決める、さとりを決めると、こういうことがあるわけです。この教信行証という時の行の内容は、善根を積み、悪いことはしないということです。ただその人その人の過去がその人を決めてしまうということになりますと、平等ということは成り立たないのです。

親鸞聖人は、一乗《いちじょう》という言葉を常にお使いになられます。親鸞聖人が求められました道は、どんな人も皆同じく斉《ひと》しく歩んでいける道、「皆同斉《かいどうさい》」（真宗聖典一八九頁）という道です。皆同じく平等に救われていく道、そういう道でなかったら私は救われませんということです。その道一つにおいて、皆が一つになるのです。そういう一乗の道というのは、過去によって人間の価値が決まるという世界なら、「皆同斉」などということは成り立たないのです。一人ひとりがそれぞれ、いろんな状況をこの身に受けて生まれてきたのです。今日、大学などでも、授業料が納められない学生が実に多くなっています。私が勤めている大学は、久留米の少し南、筑後市にあります。その近くに大牟田市という炭坑の町があります。そこからも多くの学生が来ているのですが、炭坑の閉鎖や会社の倒産、リストラなどで学費を滞納する学生が増えています。

学校は育英資金を出して、なんとか卒業できるようにするのですが、数が多くなり対応に苦慮《くりょ》しています。そういう状況になった学生の中には途中で退学していかなければならない人もいます。勉強したいという気持ちもあり、一生懸命に努力もしてきたのに、たまたまお父さんの会社がそういうことになったら、卒業できないということになります。

それは履歴書の上では中退ということになりますから、勤められる会社が狭《せば》まってきます。才能とか、その人が一生懸命努力したかしないかと、そういうことを超えて、たまたまその人がおちいった状況というものが、努力したくてもできない、勉強したくてもできないところに追い込んでしまいます。ですから、最高学府を最後まで卒業して会社などに勤められるということは、よほど恵まれた人です。

そういうことを考えてみますと、どういう学校を出て、どういう会社に勤めてなどという過去によって人が決められてくるのなら、皆が同じということには決してなりません。たまたま恵まれている才能ということもみんな違いますから、どれだけ一生懸命にしても才能がないという人もいます。そういうことが人間を決めてしまうということになるのでしょうか。

過去によって人間が決まる道、それは私が皆と共に歩める道ではありません。「普《あまね》くもろもろの衆生《しゅじょう》と共に」（真宗聖典一三八頁）と天親菩薩《てんじんぼさつ》は言われていますが、それは普くもろもろの衆生と共に歩める道では決してありません。では、すべての人が平等に歩める道とはどういう道でしょうか。どこにそういう道があるのでしょうか。

それを親鸞聖人は、『教行信証』のすべてが願力回向《がんりきえこう》の道なのだということを言われるのです。これはあえて申しますと、過去によって人が決まってくるのではない、実は未来によって人は決まるのだという言い方にもなるかと思います。

ただ、私たちが考える未来は、明日も未来、来年も未来で、明日になれば今日になり、来年になれば今年になる未来です。つまり未来と言っていても、いつか必ず現在になるそういう未来を考えております。仏教には「仏性未来《ぶっしょうみらい》」という言葉があり、親鸞聖人が『教行信証』の中に引用しておられます。その場合の未来というのはなにかといったら、どこまで行っても未来なのです。やがて現在になるというものではありません。どこまで行ったとしても、それは未来としてはたらいてくるのです。

「未来として」ということを言い換えますと、「向こうからはたらいてくださる」ということです。私がそれを手にして、私のものにして、そしてそれを力にして歩むのではありません。そうではなくて、どこまでも向こうからのはたらきかけ、仏からのはたらきかけとして、私の上にはたらいてくださるのです。向こうからはたらきかけてくださっているその願い、その心に私が本当に出遇《であ》っていけるかいけないか、それが救われるか救われないかの決め手になるのです。仏の願力、それは人の過去はいっさい問題にしません。その人の過去によってこの人を救ってやろうとか、この人はこんな過去だからだめだとか、そういうことは決してないのです。

親鸞聖人の『教行信証』信巻《しんのまき》には「貴賤《きせん》・緇素《しそ》を簡《えら》ばず、男女《なんにょ》・老少を謂《い》わず、造罪《ぞうざい》の多少を問わず、修行の久近《くごん》を論ぜず」（真宗聖典二三六頁）とあります。貴賤とは身分の高い人と低い人、緇素とは黒と白で在家《ざいけ》の人と出家《しゅっけ》の人、老少とは年をとった者と若い者ということです。そんなことは少しも問題ではないのです。

老少ということで、老のいい面から申しますと、人間としてのいろんな経験を身に付けています。それが老いた者の一つの徳でしょう。しかし、同時に新しいものについていけないし、物忘れはひどくなってきますし、なかなか若い者のようには学ぶことはできません。

若い者には経験はないけれども、それだけに自分のしたいことにひたすらに突き進むということができます。私たちは年をとりますと分別《ふんべつ》がついているために、なかなか慎重になって、ひたすらにということになってきません。

私たちの実際の歩みの上で、老と少というのはやはりいろんな問題を抱えるわけです。

しかし、老いていようが若かろうが、年齢はまったく問題にならないのです。さらに「造罪の多少を問わず」です。どれだけの罪を造ってきたか、その造罪の多少を問わないということです。「修行の久近」とはどれだけ教えを実践してきたかということですが、「論ぜず」ということですから、過去はまったく問題ではないということです。人間は過去によって救われるか救われないかではなく、人間が人間として本当に自分の人生をいただいていくかどうかということです。

二　私のあり方を悲しむ如来

親鸞聖人は、すべてが大悲《だいひ》の願、如来《にょらい》の大悲回向の利益と言われています。

「過去はどんな人でもいいんだ。いらっしゃい、いらっしゃい」ということでは決してないのです。なにか大悲という言葉を聞くと、だれでも同じように包《つつ》んでくださる、そういう広い心を大悲心と言うのだと簡単に思ってしまうのですが、この悲という言葉はやはり悲しむのです。つまり、そのあり方を悲しむのです。仏の大悲心というのは、私のあり方を悲しんでおられるのです。

たとえば私たちは自分の子供に対して、「遊んでばかりいて」とか、「少しも勉強しない」とか、ともかく叱《しか》ります。親だからこそ叱るのです。なんでもいいというわけにいかないのです。やはり人間として正しく成長してほしいのです。同じように如来の大悲とは、そのあり方が人間として間違っていたり、あるいは人間として悲しいあり方だとすれば、そのあり方をどこまでも深く悲しまれるのです。もう一つ言えば、否定されるのです。そういうあり方をしていてはいけない、目覚めてくれという呼びかけがあるのです。

あり方を否定しながら、しかし、そういう否定しなければならないようなあり方を超えられない、離れられないその人自身を深く受け止めていかれるのです。なぜそんなあり方をしているのだ、何回言ってもそのあり方が変えられないような奴はもう知らないと、切り捨てるというのが私たちの根性です。そういうことではなく、どれだけ呼びかけても少しも変わらないのですが、そういう存在を深く受け止めてくださるのです。これが大悲心なのです。そのあり方を悲しみ、しかし、その存在はどこまでも受け止めていかれるのです。どこまでも厳しく私のあり方を否定しながら、しかし、その私を受け止めていってくださる、そこに大悲心ということがあります。

だから、大悲心に目覚めるということは、自分のあり方を初めて深く悲しむということです。親にそういう悲しい思いをさせていたのかと気が付いた時に、初めて子供は自分のあり方を悲しむのです。親にそういう悲しい思いをさせていた自分を、初めて悲しむという心を呼び覚まされるのです。私を悲しんでくださる人に出遇う、私を悲しんでくださる心に出遇う時に、初めて私が私自身を深く悲しむのです。ですから、大悲の心を深くいただかれた親鸞聖人のご生涯をつらぬいている心は、自らのあり方を深く悲しむという悲歎《ひたん》の心です。

　親鸞聖人の『教行信証』には、一貫して悲歎の心、悲歎の言葉があります。「悲しきかな、愚禿鸞《ぐとくらん》、愛欲《あいよく》の広海《こうかい》に沈没《ちんもつ》し、名利《みょうり》の太山《たいせん》に迷惑《めいわく》して」（真宗聖典二五一頁）という言葉です。その言葉がよく読まれますが、そのほか『教行信証』の中には繰り返し悲歎の言葉があります。大悲の回向とは、向こうから私に差し向けてくださるもので、悲歎の心はその大悲の回向の利益なのだということを言っておられます。

　ですから、どこまでいっても「俺は俺の力でこのさとりを手にしたのだ」とは言わさないのです。どれだけ自分が信心を深くいただいても、信心の身になったとしても、「俺が」とは言わさないのが回向の世界です。どこまでいっても向こうからのはたらきにうなずいていくのです。それを未来という言葉で言っていいかと思います。

過去によって存在を決める世界は、決して皆が一つに歩める道にはなってこないのです。過去はいっさい問題ではなく、ただ深く仏の大悲の心をいただき、自らのあり方を深く悲歎するのです。その心において、仏の願心をいただいていくのです。そこに初めて、斉しくということがあるのだと、親鸞聖人が明らかにしてくださっています。

三　救われるはずのない私・すでに救われている私

親鸞聖人は、『教行信証』の信巻にも引かれている善導大師《ぜんどうだいし》の『観経疏《かんぎょうしょ》』の三心釈《さんじんしゃく》を受けて、『愚禿鈔《ぐとくしょう》』という書物の中で、第一の深信《じんしん》は「深信自身《じんしんじしん》」（真宗聖典四四〇頁）、自身を深く信ずることが信心の第一の姿だと言われています。普通なら、第一の信心の姿は仏さまを信ずることだと思うのですが、そうは言われません。信心の第一の姿は、この私をうなずけた、この私をいただけた、この自身を深く信ずる、ということのほかにはないと言われます。

ただ深信自身と言っても、私も捨てたものではないと、いわゆる自信を持つことではありません。ともすると、信心とは何事にも動揺しないで自信を持って生きていける人間になることだと思うのですが、まったく違います。私たちの多くは、こちらの自信を求めているのです。一生懸命、どうしたら人に負けない、どんな所に出ても動揺しない、自信を持って生きていける、そういう人間になれるだろうかと考え、そのためにいろいろと努力するわけです。先ほど言いました過去によって決まる世界はこちらです。

スポーツの世界では絶えずそうです。「あれだけつらい練習を重ねてきたのだから、負けるはずがない」「人より何倍も練習してきたのだから」ということをよく選手が言います。過去によって自信を身につけるのです。これが普通のあり方です。ところが親鸞聖人は、そうではなくて「深信自身」ということを言われます。この身を信ずるのだと。では、その身はどういうものかと言えば、「出離《しゅつり》の縁あることなき身」と言われます。

この言葉が「深信自身」という言葉の内容で、普通には「機《き》の深信」という言葉で言われています。この世に生まれてこのかた常に流転《るてん》してきた、そういう身だということです。それは一口で言いますと、救われない身だと信ずることです。深信自身とは、実は救われない身であると信ずるということなのです。

信心の第一の姿は、どうしてみても救われない身であったと、自分の身の事実に頭が下がることだと言われます。信心して救われないということを思い知らされるだけなら、たまったものではないです。それが第一の信心かと思ってしまいます。しかし親鸞聖人はそう言われるのです。救われない身であるという事実に初めて頭が下がったと、わが身の事実に初めて頭が下がったと、頭を下げたのではないのです。

頭を下げるという時には、そろばん勘定《かんじょう》で下げるのです。下げたくない根《こん》性《じょう》で、ここは下げておいた方が後々いいかなと思って頭を下げるということがあるわけです。しかし、下がったというのは、気がついたら頭が下がっていたのです。自分で下げたのではなく、思わず頭が下がってしまう世界に出遇ったのです。

その世界を親鸞聖人は第二の深信といわれます。それはすでに彼《か》の願力、阿弥陀如来の願力にすでに乗せられてあるということです。「乗彼《じょうひ》願力《がんりき》」を信ずるのです。彼の願力を信じて乗るのではなく、すでにその願力の上に乗せられてあることを信ずるのです。その事実に頭が下がるのです。言い換えれば、第二の深信は救われているということに頭が下がったのです。

そうすると第一の深信は、救われないというわが身に頭が下がったのです。第二の深信は、すでに救ってくださっているそのはたらきに頭が下がるのです。矛盾《むじゅん》というか、救われないという自覚と、救われている喜びと、おかしいではないかと疑問がわくかとも思います。

親鸞聖人は、知恩《ちおん》ということを繰り返し言われます。知恩ということは、「有《あ》り難《がと》う」ということです。「有り難う」という言葉は、あるはずなしという自覚と、現にこの私の上にあるという二つの相反《あいはん》する心が一つになったことなのです。

私には救われる権利がある、私は救われる力があって救われているのだというところには、「有り難い」という言葉はないのです。どう考えても救われるはずのない自分が、今、仏法の中に生かされている、どう考えても救われるはずのない自分、その思いが深ければ深いほど、今自分が仏法に出遇っていることに初めて「有り難い」という心がわいてきます。「有り難う」という言葉は、その二つの心を押さえているのです。あるはずがない、私はこういうことをしていただけるはずがない身であるにもかかわらず、今こうしてくださっている、なんと有り難いことだということです。

そこには第一の深信と第二の深信があるのです。よく「機法二種深信《きほうにしゅじんしん》」と言われますが、「機法二種深信」ということは、要するに「有り難い」ということなのです。あるはずがないその私が現に救われてある、そこに初めて、この私をいただける、この私を本当にあるがままにいただいていけるのです。どれだけ財ができようと、地位が上がろうと、問題はこの私この人生を有り難いと受け取れるか受け取れないかということです。

真実の証とはこの私の人生を本当に深くいただけるということです。しかし、私たちはいつも比較しているのです。周りと比べて、なぜ私はこういう目に会わなければならないのか、なぜあの人はあんなにすいすいと生きていけるのかなどと思います。比べるという根性が、もう自分をあるがままには受け取れない根性です。その限り、優越感にひたったり、劣等感に沈んだり、心が休まらないということが、そこに絶えず起こってきます。

そういうところに親鸞聖人が、第一の深信は自身を深信することで、第二の深信は乗彼願力を深信するということだと言われている意味があります。過去はいっさい問題ではないのです。その人の力、その人がしてきたこと、そういうことはいっさい問題ではなく、問題はその願力をどこまで本当にいただけるかということです。

四　人間が人間として生きる道

第一の深信という言葉を広げて言いますと、人間が人間として生きていく道が信心ですから、特別な道ではありません。そうすると信心とは、人間が人間になるということが第一の姿であるはずです。それは救われざる者としてのわが身に頭が下がることだ、と親鸞聖人は言われるのです。

現代の私たちは、科学技術をたよりにこういう文明社会を築いてきました。

しかし、その文明社会が本当に私たちをしあわせにしてくれたのでしょうか。今年（当時）になってある機関が、中学生に「二十一世紀はどういう世紀になると思いますか」というアンケートを取ったそうです。いちばん多かったのは、「便利にはなるけれども、生きづらい世の中になるだろう」という答えだったそうです。それは、これからもっと科学技術の力で便利な社会になるだろうけれども、人間としては生きづらい、温《ぬく》もりのない世の中になるだろうと思っているということです。

鹿児島の方に仕事で行きまして、温泉に泊めていただきました。温泉と言っても、近所の人がみんな入りに来るような温泉です。温泉に入りまして脱衣場の所へ出てきたら、六十代ぐらいの地元の人が二人、大きな声で話をしておられるのです。今年（当時）は記録的な寒さが続きましたが、寒さのいちばん厳しい頃でした。それで話の内容が寒さについてとなったのでしょう。

「わしらの子供の時分《じぶん》は貧乏だったから、どんなに寒くても暖房具一つ買ってもらえなかった。子供でも金がないということ知っていたから、仕方がないと思って我慢していたものだ」と一人の方が話され、もう一人の人が「そうだ」と相槌《あいずち》を打ち、「靴下も履《は》かずに靴を履いて、雪の中を歩いて行った。足の先がちぎれそうに冷たかったけれども、それでも黙って耐えてきたものだ。それに比べれば今の子供は贅沢《ぜいたく》になった。だけど、もうここらで止まらないと人間だめになるぞ」と話されていました。

贅沢になり、生活の道具は本当にいろいろできて楽になってきました。しかし、これ以上楽になって、これ以上贅沢になったら、もう人間がだめになるということを私も感じることがあります。さきほどの中学生のアンケートでも、便利にはなるけれども、生きづらい世の中になると答えています。文化、文化と言っておりますが、それがどういう社会を築き上げ、どういう人間関係を開いてきたか、あらためて自分を救われざる者、どうしようもない奴、人間が人類がそういう存在であるという視点から考えてみる必要があると思います。

振り返ってみたら、自然の開発ということで、他のいのちあるものも、人間自身も、非常に生きにくいようになっています。「機の深信」ということも、決してお念仏という特別な世界ということではないのでしょう。人間が人間の社会を作っていく、皆が平等に、皆が心を一つにして、本当に温もりのある世の中を築いていくということにおいては、まず私たちが自分を振り返るということが大事なのではないでしょうか。それが第一の出発点だということも、教えられてくるように思うのです。

教信行証ではなく教行信証と、親鸞聖人は、どれだけ行を積んだかということが問題なのではなく、どれだけ深く信じ、いただくかということに要《かなめ》があるのだということを明らかにしてくださいました。そういう意味が教行信証という言葉自体に押さえられ、顕《あらわ》されているということです。

五　「真智は無知なり」

「真実証」ということを顕《あきら》かにしてくださいます『教行信証』の証巻《しょうのまき》の中に、親鸞聖人がことに深く学ばれた曇鸞大師《どんらんだいし》の『浄土論註《じょうどろんちゅう》』という書物が多く引用してあります。特に還相回向《げんそうえこう》ということを顕かにされますところに、この曇鸞大師の言葉が引いてあり、その中に「真智《しんち》は無知《むち》なり」（真宗聖典二九〇頁）という言葉があります。まことの智慧は無知であるということです。

無知というと、普通私たちはなにも知らないことの意味に思います。「私はまったく無知でして、その方面のことはなにもわかりません」というように使います。なにも知らない、なにもわからないということを無知という言葉であらわしているわけですから、まことの智慧とはなにも知らないこと、つなげて言えばそういう意味になってきます。そのような智慧なら困るのではないかというようなものを気がします。これは一体どういうことなのでしょう。そこに一つの手掛かりとなるのが、同じ「ち」ですが、真智は智慧の「智」、無知は知識の「知」と区別がされているのです。

「知」ということは、私たちがどのようにして知識を身につけていくのかを考えればわかります。私たちがものを理解する時には分別するわけです。分別するということは、文字どおり分けるのです。なにか一つのものを理解しようと思えば、それを部分に分けていくのです。例えばマイクを調べようと思えば、分解するわけです。分解してみて、こういう構造になっているのか、これがこういうはたらきをして、全体としてマイクのはたらきをするのかと理解していくのです。

人間の身体を理解するには身体を解剖《かいぼう》するのですが、昔は「腑分《ふわ》け」と言いました。内臓を全部取り出して、分けて、ここにこういう内臓があるというように、だんだん理解してきたのです。このように、私たちが理解しようとする時には、まずそのものを自分の前に持ってきて、それをバラバラにして、細かく調べていくわけです。そして細かく分析、分類していって、初めてこれはこういうことになっているのだとわかるのです。

ですから、現代に使われている科学という言葉は、分別なのです。すべてを前に持ってきて分析するわけです。その分析は電子顕微鏡などでおこなわれ、細かに調べていき、遺伝子がこうでと、次第にいのちの成り立ちさえもわかってきています。成り立ちがわかれば造れるのではないかということで、現在は、死をあやつり、生を造る時代になってきています。

どのようにして延命させるか、あるいは、命をいかにして造り出すか、こういうことが次から次と考えられて、クローン人間が本当に造られる時代が来るでしょう。今のところはまだ、人間を造るというのは間違いだということで、一応禁止という形を取っていますが、だんだんそれが崩れつつあります。そうすると、命を造るということになります。

そこにあるいちばんの根本は分別です。分けて分けて見ていくのです。その時には、見ている私と見られている物とはどこまでも分かれているのです。昔は、いろんなことを学ぶということは、学ぶ私が変えられていくということであったのです。学ぶことを通して、この私そのものが学びに応じて変わっていくのです。

つまり、学ぶということが全体的な人間としての営みであったのですが、今は私のあり方とはまったく切り離して、ただ物事として学ぶということになっています。ですから、いろんな知識は身に付けたけれども、自分はいっこうに見えてこないということになります。いよいよ自分というものを見失ってきているのです。

そのいちばん大きな例が、オウム真理教に走った若い人たちです。あの人たちは最高学府の理数科系、つまり最も科学的合理的にものをとらえる人たちがオウム真理教に走って、極端なところまでおちいってしまったのです。

このことを極端に言えば、最高学府で最高の学びをしたのですが、それは人間として生きるということとなんの関係もなかったということです。ですから、どういう縁があったのかわかりませんが、あの人たち自身が、人間として生きるということに迷いを持った時に、支えてくれるなんの知識もなかったのです。

学問についての知識は多く持っているのだけれども、自分が生きていくことにおける智慧はなにもなかったのです。そこで、たまたま麻原《あさはら》氏に会い、そして、それこそすぐにどんなことにでも答えをくれた、その答えに飛びついていったのです。麻原氏の言葉を通して、もう一度自分の生き方を考えるということにはならず、麻原氏の言葉が絶対的なものになって、あとはなにも見えないというところに突っ走っていってしまったのです。

昔から人間の心を知・情《じょう》・意《い》という三つの言葉であらわしますが、知が情や意と切り離されると、人間としての心を失ったままに、知識だけがどんどんふくらんでいくのです。その根本にあるものは、科学的認識と言っていますが、本質は分別です。仏教は、いかにして分別を破るか、いかにして分別を破って事実一つに生きるかです。これが仏教の求めた道です。そのことからわかるように、無知とは、分別がないということなのです。まことの智慧は、分別がなくなったことなのです。そういうことを、「真智は無知なり」と言われているのです。

六　分別に生きる私

現在ではいろんな分野で専門が細かに分かれていき、そのこと一つを専門にしている人でないとなにもわからないということになっています。同じお医者さんでも、すべての病気のことがわかるかというと、そうではありません。私も心臓を少し悪くしていて、先日お医者さんに聞いたのですが、心臓専門医といってもいくつもあると言われました。

心臓には弁《べん》というのがあります。すると弁ばかりを研究している人がおられます。それから、心房《しんぼう》だけを研究している人がおられます。心臓一つについても専門が違うので、専門外のことになると、同じお医者さんでもわからないということになるのです。

そして、そのことは私たちが人間ということをとらえていくについても言えることです。個の尊重という場合、この個というのはなにかと言えば、つまり私はいろんな面をかかえているわけです。だれでも皆、「何々としての私」というものをいくつも持っているのです。日本人としての私、男としての私、夫としての私、会社員としての私、考えていったらいくつでもあります。

親としての私、子としての私、兄として、妹としてなど、なかなかそれが一つにおさまらないのです。夫としての私と会社員としての私の場合もそうです。仕事に夢中になると、夫としての私は失格ということになります。逆に、夫として優等生の私は、会社では評価されない場合があるなど、いろんな問題を抱えているわけです。

「としての私」というのは、たくさんあります。それを全部切り捨てていき、もうこれ以上は切り捨てられないという、これ以上は分けられないというものを、実は個と言います。個という言葉のもとの意味は、これ以上は分けられないものということです。

これは、ヨーロッパから入ってきた人間のとらえ方であり、その個としてのあり方の立つところは理性だということになるわけです。これは当然、夫としての私とか、会社員としての私とか、その関係をすべて切り捨てていくのですから、人間関係がバラバラになっていきます。

朝日新聞に女性タレントのAさんと男性芸能レポーターのBさんの対談が載っていました。その内容は、電車の中での若い女性の化粧についてです。

Bさんも私と同じく昭和一桁《けた》生れの方ですから、「電車の中での化粧はどうもかなわない。気になるし、目のやり場にも困るし、不愉快《ふゆかい》だ。今の若い人には恥じらいという言葉はもう死んでしまっているのか」ということを言っておられました。

すると、Aさんが「基本的には、自分と関係のない人は人とは思っていません。ただ、風景だと思っています」と言われていました。人と思っていないのですから、自分は自然の中で化粧しているのと同じだということです。「関係のない人の前で化粧をしようと、そんなことは勝手ではないか。自分の愛する人とか、自分にとって大事な人に会う時には、きちんと化粧は完成させてから会います」とも言っておられました。

自分にとって関係のある人に会う時にはきちんと化粧は完成させてから会うけれども、自分と関係のない人、たまたま電車で乗り合わせたというだけの人なら、その人は別に人間とは思っていないのだから、どう思おうと、思うほうがおかしいと、こういうことです。

電車というのは一つの公《おおやけ》の場所です。みんなが乗り合わせてくる公の場所ですから、皆、公の生き方をしなければいけないという考え方はおかしいというのです。電車の中でも、自分が座ったらその場所は自分の個人の領域なのだから、そこで気楽に化粧しているというのです。それをジロジロ見るほうがマナー違反だと、こういうことです。それだけ感覚が違うのかなと思います。

逆にBさんは、いつも電車に乗ると周りの人が気になるそうです。入口で若者がでんと床に座ったりしているとか、前にお年寄りが立っているのに大きな顔して座席に座っていると、その度に注意するのだそうです。そして注意する度に若い人たちからボコボコに殴《なぐ》られて、今も手が少し不自由なのだそうです。するとテレビ局から、もう電車の中でどういう若者に会ってもなにも言わないという誓約書を書かされたそうです。つまり、けがをしたら生番組に穴をあけてしまうので、テレビ局は大変な損害になるわけです。

関係のない人と言っても、自分の利害関係とか意識の上での関係がないだけで、実はそういう人たち、たくさんの人たちとのかかわりの中で、初めて生きていくことができているのです。それを自分とは関係のない人として風景としか思わない、人とは思わないと、こういう社会になっていくとどうなるのでしょうか。自分が元気でばりばり動ける間はいいのですが、それこそ年をとった老人は、なんの関係もない者は風景ですから、道端で倒れても風に当たって少し枝が折れているなというぐらいに思われるでしょう。だれも支えてくれないということになってしまいます。

車内暴力ということも話題となりました。そういう状況の中で、いろんな言葉が造られています。「ポータブル・テリトリー」というのもその一つです。ポータブルとは、携帯電話の「携帯」という意味です。つまり、それをどこへでも持っていけるというわけです。テリトリーというのは、自分の領域です。犬も匂いを付けてまわって、ここは俺の領域だと主張します。鮎《あゆ》も、水の中でどうしてテリトリーができるか私にはわかりませんが、自分のテリトリーを作るのです。他の鮎が入ってくると、すぐにかみついて追い出しにかかるのです。その習性を利用して友釣《ともづ》りというのができるそうです。餌《えさ》の鮎をテリトリーの中へ入れると、そこに本来住んでいる鮎が飛びついてきます。それをひっかけるのを友釣りと言うのだそうです。この頃は養殖鮎を放流していますから、テリトリー意識のない鮎もいて、友釣りができないそうですが。しかし、ライオンなどの動物は基本的にテリトリーを持っています。そこへ他のものが入ってきたら、かみついていきます。

実は今の若い人たちも、自分の行った所に自分の領域を作るのだそうです。だから電車の中でさえも、自分の部屋にいるのと同じ感覚でいるのです。町の中であっても、自分のテリトリーを作ります。ここは俺たちの領分だとして、自分の部屋にいるのと同じように自由に振る舞います。だから、そこへ干渉《かんしょう》してきたら、もう許さないというわけです。すぐに排除してかかるのです。

車内暴力でも、言われた言葉の内容というのはあまり問題ではないそうです。「なにをかまうのか。俺たちは俺たちの世界にいるのだ。それを横からガチャガチャ言うな」というわけです。言われたことよりも、干渉されることに、ちょうど他の動物が侵入してきたのを追い出すように、暴力を振るうということだそうです。どこへ行っても自分の領分、そして他の者はすべて関係はない、風景と同じ、こういう社会になってきているわけです。もちろん、それは全部というわけではありません。一生懸命に人のためにと頑張っている若い人たちもたくさんおられます。

そういう新しい姿が、時代の流れとして生まれてきています。そういう感じ方がこの時代になって非常にあらわになってきています。人間が分別による限り、本当に共に生きるという世界、事実に目覚めるということもできないのです。分別でとらえる時には、必ず自分の物差《ものさ》しで測り、自分を中心にしてとらえていくということを免《まぬが》れないのです。ですから、無知すなわち分別がなくなる世界をこそ、仏法は求めていくのです。まことの智慧とは分別がなくなった世界で、それを真智といい、そういう真智をたまわるのです。そこにいっさいの差別、思い込みもなく物事を平等に真実に見ていける、そういう世界が初めて始まるのです。

七　喜・悟・信の三忍

真智を言葉を変えて言えば、無生法忍《むしょうぼうにん》ということです。『観無量寿経《かんむりょうじゅきょう》』の最後に、韋提希夫人《いだいけぶにん》が「廓然《かくねん》として大きに悟《さと》りて、無生忍《むしょうにん》を得《う》」（真宗聖典一一二頁）と出てきます。大きなさとりを得たことを無生忍という言葉で押さえられてあり、無生忍とは無生法忍のことです。そしてその無生法忍という言葉を、善導大師は「喜《き》・悟《ご》・信《しん》」の三忍《さんにん》というように押さえておられます。無生法忍ということをもう一つ開いて言えば、忍というのは智慧ですから、喜忍《きにん》・悟忍《ごにん》・信忍《しんにん》という三つの智慧ということです。

「喜忍」というのは、本当にこの自分の人生を喜ぶということです。この自分の人生をかたじけないものとしていただくことが喜忍です。決して知識をたくさん身に付けたということではありません。いろんなことがわかったということではないのです。どれだけいろんなことがわかっても、自分自身の人生が喜べないなら、その知識というものはなんの意味もないのです。

蓮如上人《れんにょしょうにん》が「八万の法蔵《ほうぞう》をしるというとも、後世《ごせ》をしらざる人を愚者《ぐしゃ》とす」（真宗聖典八三三頁）と言っておられます。八万の法蔵を全部身に付けている、知識を身にいっぱい持っているとしても、後世を知らない者は愚者だということです。後世を知るということは、結局そのことにおいて安《やす》んじて死んでいける、そういうことが後世を知るということです。後生《ごしょう》の一大事《いちだいじ》ということは、決して死んだ後の問題ではないのです。

ですから蓮如上人も、後生の一大事という言葉と同時に、「今度の一大事の後生」（真宗聖典八二九・八四〇頁）という言い方をされ、今生《こんじょう》の一大事、この人生の大きな問題は、それこそ後世を知る、後生を知るということにあるのだと言われています。後生を知るということは、このいただいた人牛をどういう人生であろうと最後まで生き切っていける、いつでも死んでいけるほどに、今を本当にいのちを燃やして生きていけるという意味を言われるのでしょう。喜忍というのは、自分が今こうして生きていることに、ただごとでないという喜びを感ずることです。

そして、「悟忍」というのは、本当に明らかにすべきことを明らかにしたということです。言い換えれば、本当に帰るべきところに帰るということが、悟忍という言葉で言われていることです。その帰るべきところというのが、頭が下がるということです。本当に頭が下がる、そこに初めて立つべきところが明らかになるのです。

「信忍」とは、いろんな問題を深い問いとして受け止めながら聞いていけるということです。信ずるということは、もう疑いがなくなるということではないのです。親鸞聖人が「信順《しんじゅん》を因《いん》とし疑謗《ぎほう》を縁として」（真宗聖典四〇〇頁）と言われます。信ずるばかりになってしまったら、それこそ思い込みということもあります。本当にそうか、こういう問題があるではないか、この問題はどうなるのだと、常に現実が問うてきます。現実がいろんな問題を投げかけてきます。

先ほどのAさんの言葉も、なんという人たちだと言って笑っているわけにいかないのです。どうしたらその人たちのそういう感覚というものを破り、人間としての心をお互いに持っていくことができるのだろうかということは、大きな問いです。Aさんの言葉は大きな問いでもあります。

信心と言っているが、あなたの信心はこういう生き方をどうするのかと問うてきています。子供が言うことを聞かない、これも問いです。そして、社会がふくんでいるいろんな問題にどう答えていくのか、一つ一つが問いです。その問いを受け止めて、常に教えに聞いていき、そしてその教えを通して現実にはたらいていく、そこに信忍ということがあります。

ですから信忍とは、いわゆる還相回向ということでもあります。どこまでも信心を問い返すものは、現実です。その現実の問題を仏道として生きていくのです。現実は現実問題だ、信心は信心だ、そういうことではありません。現実のいろんな問題を仏道の問題として生きていくところに、還相という問題もあるのです。

「忍」という言葉で押さえられているのは、そういう問題を受け止めて生きていく勇気です。自分の夢あるいは自分の思いに逃げ込むのではなくて、どこまでも事実に生きていこうとする勇気を「忍」という言葉であらわしてあるのです。智慧とは勇気なのです。智慧とは、生きていく情熱なのです。

いろんなことがわかったということではないのです。

八　確かな世界をたまわる

どういう状況になっても、人間として生きていけるという勇気をこの身にいただくのです。そこに親鸞聖人は、本願の言葉の上では第十一願が真実の証ということを誓われていると押さえておられます。第十一願には、「住正《じゅうしょう》定聚《じょうじゅ》」と、「必至滅度《ひっしめつど》」（真宗聖典一七頁）という二つのことが誓われています。

ところが、本願の言葉には必ず願成就《がんじょうじゅ》の言葉というものがあります。親鸞聖人が見定めてくださっているのですが、その願成就の文ということになると、そこでは必至滅度ということが除かれて、「正定の聚に住す」（真宗聖典四四頁）るということだけになっています。つまり、真実証が成就するのはなにかというと、正定聚に住するということが成り立つことだと、本当の救いとはなにかというと、正定聚に住するということにあるのだと言われるのです。

正定聚に住するとはどういうことかと言えば、一つには曽我量深《そがりょうじん》先生が「次の一瞬に惑《まど》いがないことだ」と示されています。私たちは、いつも次の一瞬が気になるのです。どうなるのかと不安を持つのです。なかなか今というところに生き切れないで、いつも次の一瞬を心配しています。将来どうなるのだろう、老後はどうなるのだろうと、今の今というところに立てません。さらに言えば、もっと身近に、明日のことを心配したり、いろいろと次の一瞬に惑いがあるのです。

それに対して、正定聚に住するということは、次の一瞬に惑いがないこと、今というものに本当に生き切れることだと、こういう言い方をされています。しかもその時には、この「聚」ということがあると示されています。これは

「ともがら」です。「俺一人、もう決まった」ということはないのです。人間として次の一瞬に惑いがない時には、そこには必ず周りの人々と共にこの世界があったということです。その世界に生き切っていけるということです。

正定聚、つまり真実のさとりということは、問題がすべて解決する、悩みがなくなることではありません。そうではなくて、どういう問題であろうとそれを受け止めて生きていける道に出遇っているということです。出遇った道に対する確かな心です。私たちが人間としてこの世に生きている限り、問題は次から次と襲《おそ》いかかってくるのでしょう。問題が消えてなくなることはまずありません。いのちある限り問題に出遭っていかなければならないのです。

年をとればもう問題に遭わないのかと言えば、そうではありません。若い時はそんなことが問題になるとも思わなかったことが、年をとってくると問題になるのです。その時その時になってみなければわからないような問題が、次から次と出てきます。いのちある限り問題がなくなることはないのです。ですから、救われるということは、問題がなくなった世界へゴールインすることではないのです。人生にゴールインはないのでしょう。

救われるということは、すべての者が、私が、まことの教えに出遇い、まことの言葉に聞いていく、そういう縁となってはたらいてくださる智慧を身にいただくことなのです。その真実の智慧を無碍《むげ》と言われたわけです。無碍《むげ》光如来《こうにょらい》の無碍ということは、あらゆる有碍《うげ》すなわち「さまたげ」において、無碍だということです。大変面倒な言い方です。

つまり、どんなさまたげがあっても、そのさまたげが真実の教えに遇う無碍なのです。そのさまたげが、あらためて聞法に身を据《す》えさせるのです。さまたげが消えてなくなるのではないのです。さまたげが私の聞法のためにはたらいてくださるのです。それが無碍の世界なのです。いっさいが一つの尋ねていく道、その道の扉となってくださるのです。そして、その道は必ず至る方向が、目的があるのです。目的があるということは、意味があるということです。それを必至滅度、必ず滅度に至ると教えてくださっているのです。滅度という言葉のもとの意味は、いっさいの煩悩《ぼんのう》が消えてなくなるということです。煩悩の火を吹き消した境界《きょうがい》を滅度と言われて、それが救いと押さえられていたのです。しかし、親鸞聖人は、滅度とは大涅槃《だいねはん》、大ということは個人の涅槃ではなく、大涅槃は無上《むじょう》涅槃と、言葉をいくつも重ねておられます。どうにか言いあらわそうとして、ご苦心くださっているわけです。

無上涅槃というのは、ここで終わりということはない、言うならば上限がないということで、ここで行き止まりということがないということです。無上涅槃ということは、どこまでもどこまでも歩み続けていくことです。そういう世界を開いてくださる、そこに無上涅槃という言葉で真実の証ということも教えてくださっているわけです。

歩み続けていくということから言いますと、私たちに確かな世界をたまわるということです。どんな問題が起こっても、それを本当に受け止めて歩んでいける確かな世界がここにあるのです。そして、その世界を生きていかれたたくさんの人が私の前におられます。そういう人々の歴史の中に私を見出していくのです。私もまた、同じ世界を歩まされていくのです。そういう世界をたまわり、その世界を生きた人の歴史をたまわるのです。そこに私が最後まで、いのちある限り、歩まされていく情熱というものをいただくことができるのです。そういう意味が教えられてくるように思うのです。そこに、還相回向ということを、実は真実証というところに親鸞聖人が開いてきてくださっているということが、あらためて教えられることです。

大変面倒な言い方をしてしまいましたが、先ほど言いましたように、現実というものがどうなっていくのか、人間というものがいったいどうなっていくのか、人間社会がどうなっていくのか、根本から問い返されていくようなことが次から次と起こっています。そして、ポータブル・テリトリーというようなことも、言い換えれば人間が動物と同じ、動物と同じなどといったら動物に申し訳ないですけれども、人間が動物化していっています。

願い、求め、尋ねるという心を失って、ただ動物的に自分の領分を主張し、入ってきたものは暴力によってでも排除するという反応しかできなくなっています。そしてこの頃は、自分の子供さえもテリトリーをさまたげるものとして見られているわけです。いわゆる親による子供の虐待《ぎゃくたい》がどんどん増えています。今年（当時）の一月から三月までで、虐待によって死んだ子供が十六人もいるということです。

今まではなにがどう変わろうと、親の愛、特に母親の愛だけは変わらないと思っていました。その母親がビニール袋に子供を入れたり、どうしてそういうことをと思うようなことをしています。それも結局は自分のテリトリーの中に、自分の思い通りにならないものを受け入れていけなくなっているからではないでしょうか。これを心理的許容量と言うそうです。現代人は、若い人ほどこの心理的許容量がどんどん狭く浅くなってきています。だから、少しのことでも我慢できないのです。あの母親たちも自分が飛び出すか、子供を殺すか、そういうところにまで追い込まれていくのです。

それは、小さい時から自分の思い通りに生きるということが、生きることだというように育てられてきたからではないでしょうか。自分の思い通りにならないものを受け止めて、そして一緒に考えて、一緒に歩んでいくということ、そういう心が育てられてこなかったのです。

そういういろんな問題が、人間とはなんだろう、人間はどうなっていくのだろうと問われているわけです。そこにあらためて、この真実証というようなことでも、今言いましたようなことをもう一度、私は問うていかなければならないのではないかと思います。

真実の浄土（真仏土）

一　仏教は来世を問わない

浄土《じょうど》という言葉を聞きますと、そんな世界が本当にあるのかないのかという疑問、質問が向けられてきます。そしてまた、その世界は死後の世界としてイメージされるのが一般的なようです。

先日（当時）、ニューヨークの貿易センタービルにおける同時多発テロで亡くなられた方々の追悼《ついとう》式典が行われていました。テロを行った人たちは、イスラム教徒であるとされていますが、その詮索《せんさく》は別として、イスラム教という宗教にあっては死後の世界ということがいちばんの眼目《がんもく》です。

イスラム教では、六つのことを絶対的に信じることが、根本のあり方とされているわけです。六信という言い方をします。六信というのは、まずアッラーの神を信じるのです。アッラーの神がましまして、すべてをつかさどっておられるということを信じる。

それから、天使の存在を信じるのです。イスラム教、キリスト教、ユダヤ教というのは兄弟の宗教ですから、同じように、人間は泥土《ういじ》から神の姿に似せて形が造られ、それにいのちが吹き込まれて人間が生まれたというように言われるわけです。天使の場合は泥土ではなくて、光を集めて造られたと言われます。

それから聖典、つまりコーラン、神の言葉を信じるのです。アッラーの神が記されたのがコーランですから、そのコーランの言葉を信じる。

そして、預言者を信じるのです。預言者といいますと、未来のことを予言する、来年はこうなる、十年後にはこうなると、予言する人のように思いますが、これはそうではなく、神の言葉にあずかった人という意味です。つまり、神から言葉を直接かけられて、神の言葉を伝えられた人です。キリスト教の場合はイエス・キリストですが、イスラム教にあってはムハンマドです。

私が子供のころはモハメッドという言葉で聞いていましたが、この頃はムハンマドという呼び方がされています。そういう神の言葉を直接聞き取った人であるということを信じるのです。

その次が、来世を信じるということ。この世の人生というのは、来世のためにあると信じるのです。この世でどれだけ善根《ぜんごん》、良いこと、神の思《おぼ》し召《め》しに叶うことをするかということです。どれほど神の思し召しを裏切るようなことをするかということです。それを終末の日にアッラーの神が、イスラム教の言い方によりますと、塵《ちり》一つの狂《くる》いもなく一人ひとり、その人が積んだ善行、犯した悪行、それをきちっと計られて、それによって「お前は天国だ。お前は地獄だ」と来世に行くところを決められてしまうのです。

この世というのは、来世に神の国に生まれられるように、そのために生きているのであって、死というものはほんの一瞬のまどろみのようなもので、来世こそが真実の永遠なる生の時なのだということです。

テロの実行犯はそれこそ、このテロを実践することが神の思し召しに叶う、神がお喜びになることなのだから、これをすれば間違いなく神の国に生まれられるということを教えられているようです。テレビで、テロでいのちをなくした青年の母親がインタビューを受けておりましたが、「夢に息子があらわれて、自分はこんな素晴らしい神の国に生まれているから、どうか心配しないでくれと言っていた。こんなうれしいことはない」と話していました。

それほど来世ということが、生きる目的になっています。この世は来世のためにあることで、この世でのいろんな事柄は全部、予定といわれておりますが、運命として定められているのが予定です。自らの運命を信じる、予定を信じるのです。

この六つのことを信じるというのが、イスラム教の人にとっての信仰生活の要《かなめ》になるわけですが、来世のためにということが一つの宗教の姿として、やはり多くの人々のよりどころとなっているということがあるわけです。

それに対して、仏教においては、だいたい来世があるのかないのかを問いません。釈尊《しゃくそん》がまだおられた頃に、一人の若者が訪ねて来て「私が発する十四の問いにあなたが全部答えてくれたら、私はあなたを仏と認めて、あなたを信じましょう」と言って、十四の問いを突き付けたと伝えられています。その十四の問いの中に、来世はあるのかないのかとか、魂はあるのかないのかとか、そういう問いが出されているわけですが、釈尊はその十四の問いに対していっさいお答えにならなかったと伝えられています。そういうものは戯論《けろん》であり、仏教は戯論寂滅《けろんじゃくめつ》、戯論を寂滅するということが仏教の歩みなのだということです。その戯論寂滅ということが、仏教の旗印《はたじるし》の一つです。

戯論というのは、文字どおり「たわむれの論」ということです。「たわむれ」と言っても、「いいかげん」ということではありません。問うている人は一生懸命であっても、そういう問いは結局、言うならば時間つぶしなのです。「来世がある」と答えられて「そうか」と、あるいは「来世なんてないよ」と言われて「そうか」と、本当にその言葉に従って生きられるのかどうかです。あるとかないとかということを問題にすることで、肝心の問題が覆い隠されてしまうのです。かえって、本当に人間としてのいのちというものの営《いとな》みがわからなくなってしまうのです。

だからそういう問いは、結局は言い争いにしかなりません。闘争《とうそう》の法と説かれていますが、戯論というのは結局、言い争うということしか出てこないのです。決して真実に出遇う道にはならないということで、釈尊はそういう質問にはいっさいお答えにならなかったということが伝えられています。

二　願いの世界

浄土ということについて、真正面から説かれてあります経典が『観無量《かんむりょう》寿経《じゅきょう》』です。『観無量寿経』というのは、無量寿仏《むりょうじゅぶつ》の仏身仏土《ぶっしんぶつど》、その身とその国土、つまり浄土を明らかに観《み》ることを説いた経典という名のりです。ですから、弥陀の浄土ということが正面からずっと説かれていくわけですが、そこにはそれが死後の世界だなどということは、どこにも説かれていません。

たとえば登場人物の一人である韋提希《いだいけ》は、家庭が崩壊《ほうかい》し、人間関係がすべて崩《くず》れさってしまい、まったくの孤独の中に投げ出されてしまいます。その韋提希があらためて人間として喜びをもって生きていけるようになる、そういう歩みを説かれているのが『観無量寿経』です。そこには、浄土が細かにずっと説かれていますが、死後ということはまったく説かれていません。

私たちの浄土真宗の依りどころとします経典は三部経《さんぶきょう》です。三部経とは、『無量寿経《むりょうじゅきょう》』と『観無量寿経』と『阿弥陀経《あみだきょう》』です。それに一つの『論《ろん》』です。『論』と言いますのは、仏の説かれた経典の心を菩薩《ぼさつ》が明らかにされたものです。ですから、私たちが依りどころとするのは「三経一論《さんぎょういちろん》」と呼ばれています。

一論というのは、面倒なことばかりを言いますが、天親菩薩《てんじんぼさつ》の『無量寿経《むりょうじゅきょう》優婆提舎願生偈《うばだいしゃがんしょうげ》』で、略して『浄土論《じょうどろん》』です。その『浄土論』を註釈《ちゅうしゃく》して、その心を明らかにしてくださったのが曇鸞大師《どんらんだいし》です。曇鸞大師は『浄土論』の註釈書である、『浄土論註《じょうどろんちゅう》』をお書きになっています。これも略称ですけれども、そういう名で呼んでおります。この二つが、親鸞聖人《しんらんしょうにん》の『教行信証《きょうぎょうしんしょう》』の柱になっている書物です。『教行信証』の中からこの二つの、特に『浄土論註』の文章をすべて除いてしまったら、三分の一ぐらいになってしまうのではないでしょうか。それほどたくさんの『浄土論註』の言葉が引かれています。

そして、ご承知かと思いますが、この天親菩薩と曇鸞大師の二人のお名前から一字ずつとられて、親鸞という名のりをされています。それほど深く、その教え、言葉に依られたといわれるのです。その『浄土論』において、文字どおり浄土ということがずっと説かれていくのですが、これを二十九種《にじゅうくしゅ》荘厳《しょうごん》ということで浄土を明らかにしておられます。浄土とは荘厳《しょうごん》の世界だと言っておられるのです。荘厳というのは、要するに弥陀の本願《ほんがん》の心、願心《がんしん》荘厳《しょうごん》の世界です。浄土とは願心荘厳の世界だということを、天親菩薩は明らかにしてくださっています。

浄土と言いますと、一般的には、仏が成就されたさとりの世界ということです。それは、同じさとりを開いた人だけが行ける世界です。それに対して、弥陀の浄土、私たちにとっての浄土というのは、願心の世界なのです。さとりの世界ではなく、願いの世界です。そして、その願心を私たちに送ってくださる世界なのです。

次に、荘厳ということですが、荘厳というのは、一口に言えば「かたどる」という言い方で言っていいかと思います。願心というのは心ですから、形を超えているのです。形を超えている心、その願心というものをかたどる形、これを荘厳というのです。

たとえば、私には孫が九人います。この年齢になりますと、自分の誕生日などは忘れています。本人が忘れている誕生日に、この頃はファックスというものがありまして、電話からカタカタと紙が出てきます。また仕事のことかと思って見ましたら、孫が下手な絵を一生懸命に画いて、「おじいちゃん、誕生日おめでとう」などと書いてくれています。あるいは、上の子になりますと、物を送ってくれたりします。うれしい気持ちになります。それが荘厳です。

それを受け取る時、私たちは、ただ送られてきた物とか、ファックスだけを受け取るのではないのです。そのファックスやら贈り物によって、孫の心をいただくのでしょう。その物は、たとえば一生懸命に作った小さな粘土《ねんど》細工だとか、そんな物がせいぜいです。しかし、その粘土細工はただの粘土ではありません。おじいちゃんの誕生日だと思って一生懸命に土をこねて作ってくれ、それを母親にねだって送ってもらった物ですから、それを受け取る時には孫の心そのものとしていただくのです。そういう心を伝えてくれるものを荘厳というのです。

ですから、浄土はこうだこうだと、浄土の空はこうなっており、浄土の水はこうなっていると、ずっと書かれていますが、それは、そういう荘厳を通して、私に対する願い、その願いの心がそういう言葉でかたどられているのです。だから、『浄土論』の前半が「願生偈《がんしょうげ》」という偈文なのですが、私たちはその「願生偈」の言葉を通して弥陀の願心というものをいただくのです。そういう願心をいただく手がかりとなるもの、形、それが荘厳です。

お寺の本堂のお荘厳もそうです。これは、ただきれいにしたらいいというものではないのです。問題は、その前に座る時に思わず手が合わされるかどうかです。そこには私たちの先祖がそれぞれに、それぞれの人生の中でここに集《つど》い、ここに手を合わせ、念仏して生きていかれた歴史があります。その歴史の中に私もまた身を据《す》えて、そして、このお荘厳を前にする時に思わず手が合わさり念仏が出るというのが、この荘厳です。

荘厳というのは、「浄土は願心荘厳の世界だ」と天親菩薩が明らかにしてくださっています。それは、浄土とは私に願心を送ってくださる世界だという意味を持つわけです。浄土は願心荘厳の世界であり、それは仏の本願の心を私に伝え、送ってくださる、そういうはたらきを持った世界なのだということです。

三　いのちで感じ取る世界

「そんな世界が本当にあるのか」という言葉を耳にすることがあります。私たちは、ものを合理的に考えるということが身に付いています。現代におきましては、科学的に証明できるものは信用し、科学的に証明できるものは確かにこの世にあるのだろうと言います。また、科学的に証明できないものはあるとは認められないという考え方が非常に根深く私たちの中にあるわけです。しかし、孫から誕生日のプレゼントをもらって、本当に大きな喜びや、それによって、いのちある限りしっかり生きていこうという思い、そういう気持ちを揺り動かされる世界というものは、科学的に証明できません。そういう世界があるということを、だれにでも見えるように資料を出して伝えるというわけにはいかないのです。その意味では、科学的な物差《ものさ》しをもって、そんなものは証明できるかと無視されるということがせいぜいかもしれません。

しかし、そのプレゼントによって大きな喜び、生きていく力を感じた私にとっては確かな世界なのです。「そんなもの」とか、「こんな物はただの粘土じゃないか」と冷ややかに言う人があるかもしれません。しかし、それを受けとった時に送ってくれた孫の顔を思い浮かべ、その孫がいつも言ってくれる口癖とか、ものの言い方そのままに書いてある言葉が確かに耳に聞こえてくるのです。そして、そこに大きな喜びや勇気を感じるのです。これは私にとっては確かな世界、確かにあるなと頭で知るというようなことではなく、全身がそれによって支えられ、動かされていく、そういう確かな世界なのでしょう。

浄土について、善導大師《ぜんどうだいし》も私たちに説いてくださっています。「正信偈《しょうしんげ》」を読みますと、途中で切って「善導独明仏正意《ぜんどうどくみょうぶつしょうい》」（真宗聖典二〇七頁）と言い出しますが、善導大師という方も大きな仕事をしてくださった方です。この方は、願心荘厳ということを「弥陀の本国《ほんごく》四十八願」（真宗聖典三一一頁）、すなわち弥陀の本国は四十八願であり、阿弥陀さまというのは本願を本国としておられるということを明らかにしてくださっています。

弥陀の本国四十八願という言葉をあげられ、その後の方で浄土を「感成《かんじょう》せり」という言葉を使い、浄土というものは感成する世界なのだと示しておられます。いわゆる私たちが頭で、あるいはいろんな資料を通して、あれはそうかと分別するという認識する世界ではありません。浄土というのは頭で理解する世界ではなく、このいのちで感じ取る世界なのだということで、感成という言葉を善導大師はお使いになっているのです。つまりいのちの事実として感じ取る世界なのです。

人生を生きていく中で、折りにふれてあらためて心に感じ、その思いが人生とともに深められていく、そういう歩みの中で感じ取られるのです。浄土は、いのちが感ずる世界なのです。決して頭で納得する世界ではないのだということです。そういうことを、善導大師は感成という言葉でお説きになっています。

今日、科学の力、技術の力で今までわからなかったことが、いろいろとはっきりわかるようになってきました。たとえば命ということにつきましても、命の仕組みというようなものが、こと細かにわかってきたわけです。ですから、わかってきた仕組みに従って組み立てていけば、命はできるというわけです。そういう意味では、現代は死を操作し、生を造る、命を造る時代になっているそうです。

前にも申しましたが、クローン人間ということも、もう技術的にはいつでもできるそうです。いろんな倫理的な問題があるため、ストップがかけられていますが、いつ、どこで造られるか、これも危ないことです。これもロボットと同じですが、これは使えると思ったタイプの人間をクローン人間としていっぱい造るわけです。そして、思いどおりにたくさんのクローン人間を動かしていけば、これは恐ろしいことになります。権力を持った者が、自分の都合の良いクローン人間をたくさん造り、そして思いのままに支配していく、そういうことも決してありえないことはない時代になっているわけです。

ともかく、ヒトゲノムだとか次々といろんな新しい言葉を教えられますが、生命はこういう仕組みになっているということが明らかになってきています。ただそうなって、いのちというものが本当にはっきりしただろうかというと、逆にわからなくなってきています。いのちの実感が持てないわけです。いのちというものは、こういうものが集まって、こういう仕組みになって、こうできていると言われても、今こうして生きている私のいのちの事実というものになってこないわけです。真実を解明したと言われるのですが、逆に、事実はどんどんわからなくなってきています。

いのちはどこにあるかと言ったら、生きているという事実の中にあるわけです。生きているという事実を営んでいるのです。そして、生きている事実は、どこでいちばん輝くかと言いますと、私どもがなにかに感動する、生きていて良かった、あるいは、おかげさまでと生きていることに深い喜びを感じる時でしょう。

村越化石《むらこしかせき》（一九二二〜二〇一四）という方のこういう俳句があります。

生きてゐることに合掌《がっしょう》　柏餅《かしわもち》

村越化石という方は、ハンセン病にかかられて、何十年という長い年月を隔離《かくり》されて暮らしてこられた方です。その中で、こういう句を生きていることの証しとして作られて、その仕事によって紫綬褒章《しじゅほうしょう》まで受けられた方だそうです。

この句を私はある書物の中で読ませていただいたので、どういう状況、また、どういう心の移りゆきの中でこういう句をお作りになったのかわかりませんが、この句にふれていきますと、柏餅ということに村越さんはなにか特別な思いがあるわけなのでしょう。それこそ子供の時分《じぶん》、まだハンセン病にかかっておられなかった頃、家族のみんなと一緒に楽しく暮らしていた幼い時の思い出の一つの大きなシンボルが、柏餅ではなかったのかなと思われます。柏餅をみんなで一緒に食べた楽しかった時というものが、病気になられ隔離されてから、ずっと心の底に刻まれていたのではないでしょうか。

今日、病気のことが明らかになって、今までのような強制収容がなくなり、村越さんがご家族と会われたのかどうかわかりません。しかし、柏餅をまた手にされることがあったのでしょう。そしてその柏餅を手にして、幼かった時の喜びがよみがえったのでしょう。長い隔離生活の中では、時にはもう死にたいと思われたこともあったでしょう。その思いをくぐって、今ここにこうして生きてあるということに深い感動、喜びというものを感じられ、そこに「生きてゐることに合掌　柏餅」という句が生まれたのではないでしょうか。読ませていただいて、こういう句の世界ではないかと、自分で勝手に感じているわけです。

ともかく、「生きてゐることに合掌」と言える時に、いのちはいちばん輝いているのでしょう。ヒトゲノムがわかったというところでは、合掌はしないのです。感動もないでしょう。生きたいのちの事実は、私が生きているということに帰り、お陰を感じ、喜びを見出すのです。そして、思わず合掌せずにはおれない、そういう時にいのちにふれているのです。そういう時に初めていのちを感じるのです。つまり感成するのです。浄土を「感成せり」という、あの感成です。いのちを感成するのです。

しかし、今日の科学的な方法は要素還元主義《ようそかんげんしゅぎ》ですから、すべての物をそれを成り立たせている要素に戻して、バラバラにして、こういう仕組みかとわかったことにしていくのが、科学的な態度です。細胞に分け、さらにその細胞を分析して、その細胞を作っている核酸《かくさん》だとかに分け、遺伝子の組み合わせというようなことが解明されてきました。それで事実がはっきりしたと言うのです。

全部バラバラにして、それを成り立たせている要素が全部はっきりした、そして、それがこういう組み合わせで、こういうようにはたらいているとわかるということですが、そういう形でいのちを問題にする中で、「生きてゐることに合掌」という村越さんの俳句のようないのちにふれ、いのちを感ずることはありません。このいのちは限りない広がりと、限りないつながりをもったいのちだと感じることはないのでしょう。

松尾芭蕉《まつおばしょう》の句があります。芭蕉が四十七歳の時に、故郷の伊賀上野へ帰って作られた句だそうです。

旧里《ふるさと》や　臍《へそ》の緒《お》に泣く　年《とし》の暮《くれ》

へその緒というのは、いのちのつながりというものを最も端的に示しています。へその緒によってお母さんのいのちとつながったいのちですから、私のいのちは私のものだというような、自分のいのちを自分のものとして握り締めるような、そういう心をある意味でへその緒は破るのです。いのちのつながりをいただく、そういう大事なものでもあったのです。

この頃は、お産《さん》の前にお医者さんに「へその緒を残してください」と申し出ておかないと、処分されてしまうそうです。昔は全部渡してくれたようです。渡してくれたというのも、少しおかしいですが。私も、自分のへその緒は桐《きり》の箱に入って、表に何年何月何日生れと、何々と名前を付けたという父の字が書かれた箱をもらいました。一回見れば十分で何回も見ようとは思いませんが、「なるほどなぁ」と、ちょっと神妙《しんみょう》な気持ちになります。いのちというもののつながりを感じ、芭蕉も「臍の緒に泣く」という形で、亡くなったご両親を偲《しの》んだのでしょう。

考えてみますと、昔の人は決心することでも「臍《ほぞ》を固《かた》める」と言いました。失敗して後悔することを「臍《ほぞ》を噛《か》む」という言い方をして、「ほぞ」、「へその緒」がいろんな形で取り上げられています。私たちは決心するという時も、「俺は俺の人生を生きているのだ」と、「俺の人生、決めるのは俺だ」と、「だから俺が決心すればそれでいいのだ」とよく言います。しかし、自分が一つの道を選び決心したら、そのことが自分のいのちにつながるすべての人に大きな影響を与えていくわけです。私の決心は、私だけのことですまなくなるのです。そういういのちのつながりをしっかりと受け止めたところで、それでもなお、こう生きずにおれないと、そこで「臍を固める」という言い方をしたのではないでしょうか。

「臍を噛む」ということも、自分の失敗が個人だけの問題に止《とど》まらない、そういういのちのつながりを生きていたということでしょう。そして、そういう中で「生きてゐることに合掌」という言葉が示すように、自分が生きてあることが自分の力だけではなく、限りないお陰を受けて生きているのです。そういうところで、いのちが生まれ継《つ》がれてきたわけです。

浄土という問題も、実はそういう感成の世界なのです。決して、こうこうこうなって、こうだからあるのだと、説明の世界ではありません。そうではなく浄土は、生きていく中で、具体的には浄土に生きた人々の歴史の中に、自分もまた限りない力をたまわって生きていける、そういう生きていく力として私にはたらいてくださる世界なのです。そういうことを願心荘厳の世界とあらわしてくださったのです。

四　共に生きる

浄土と言えば、まず浄土はあるのかないのかという問い方が出てくるわけですが、金子大榮《かねこだいえい》先生が「浄土はあるのかないのかということばかりを言うけれども、浄土はなくてもいいのか。そういうことが問題ではないでしょうか」と言っておられます。あるのかないのかという問題のとらえ方ではなくて、私が人間として生きていく上で、浄土はあってもなくても同じなのかということです。浄土はなくてはならないのか、なくてもいいのか、そういう問題があるという指摘です。

そのことは、ひっくりかえして申しますと、今の生活、今のこのあり方というものに、私たちは本当に満足して生きているのかということです。今、生きているこの現実というものに、私たちは深い悲しみを感じているのではないでしょうか。今日、そういう悲しみというものは、いよいよ深くなってきています。

人間というものは、文字どおり周りの人との交わり、つながり、人としての「あいだ」を生きるものです。親子関係、夫婦関係、近所の関係、そういういろんなかかわりを大事に生きていくところに、「共に」という生活が歩まれていくのですが、今日においてはその「あいだ」が全て崩れてきているわけです。「あいだ」が成り立たなくなってきているのです。

これは前にも言ったことですが、朝日新聞に女性タレントのAさんと男性芸能レポーターのBさんとの「電車の中での化粧について」の対談が載っていました。Bさんが「どうにも我慢がならない」と言われるのに対して、Aさんは「基本的に、関係のない人は人間とは思っておりません。風景だと思っています」と言っておられました。

そう言われてから気を付けて見ておりますと、確かに今の若い人というのは、周りの人がなにをしていようと無関心です。この間も東京へ行きました時に、ホームで若い男女が目をそむけるようなことをしていても、その前や後を通っている若者はぜんぜん振り向きもしませんし、見もしないのです。無関心です。見事なものです。見ているのは、我々だけなのです。「なるほど、こういうことになってきたか」と思いました。そうすると、私たちがたとえば町なかでどういうことになろうと、人をあてにできないということになります。木が一本倒れているくらいのことに見られるのです。

社会というものは、本当にどうなっていくのでしょうか。社会というものが安心できない場になってきています。私たちは、いろんな物を買ったりするのもだいたいラベルで選んでいたわけですが、そのラベルが信用できなくなっています。それから、責任者の言葉がまったく信用できなくなっていくわけです。こういうことになれば、社会生活というものは、本当に基本から崩れてです。そしてそういう中で、お互いがいのちを生きずに思いを生きているということがあります。振り返ってみたら、私たちは本当にいのちを生きているのでしょうか。いのちの事実を生きているのではなくて、自分の思いを一生懸命生きているということになっているのではないでしょうか。

ゴリラの研究をしておられる山極寿一《やまぎわじゅいち》という方の文章が朝日新聞に載っていました。ゴリラといえば凶暴な動物として私たちは恐れるわけですが、実はゴリラの生活をずっと見ていると、凶暴ではないそうです。ゴリラというと胸をたたいて威嚇《いかく》する、攻撃の態度を示す姿がすぐ頭に浮かびます。けれども、あれは攻撃するぞと言っているのではなく、不快感を示しているのだそうです。自分たちのテリトリー、つまり縄張りの中によそから入ってきて、縄張りの調和を乱す、それに対して不快感を示し出ていけと警告しているのだそうです。ですから、出ていけば、それでまったく知らぬ顔だそうです。

たまたま入ってきたものとボスとが喧嘩《けんか》をし、喧嘩が度を越しそうになると、雌ゴリラと子供のゴリラが喧嘩をしている雄の間に入っていくのだそうです。そして、これ以上はもうやめるように二つを分けてしまうそうです。

弱い者が間に入ってやめるのですから、両方とも面目をつぶさずに別れられるわけです。

ですから、ゴリラは事実をじっと見ていて、別に相手もテリトリーを犯すつもりではなくて、テリトリーにたまたま紛《まぎ》れ込んで、それで警告を聞いて悪かったと出ていくとすると、それならもう全然攻撃しないそうです。そういう形で事実をたえず見て、事実に従って生きているそうです。

ところが、人間の場合はレッテルを貼るわけです。「あいつはこういう奴だ。だから信用できない」と一回レッテルを貼ったら、それはもう変わりようのない凶悪な存在として、決めつけて信用しようとしないのです。アメリカ大統領のブッシュさん（当時）が、悪の枢軸《すうじく》とか、ならず者国家とか、あいうことを言ってレッテルを貼っておられます。それはやはり、共に生きることを許さないというような態度です。そういう人間の凶暴さ、つまり死を容認する、相手を殺すことを容認する人間の恐ろしさということを、山極さんは取り上げておられるのです。

そういうことは、もっと身近にもあります。いろんな差別と言われるものは、全部レッテルを貼って決めつけるということです。そういう中では、共に生きるということが非常に困難な時代になってしまっています。思いに生きているのです。『阿弥陀経』には、浄土にいる鳥として鸚鵡《おうむ》や迦陵頻伽《かりょうびんが》などの名前が出てくるのですが、その中の一つに、共命鳥《ぐみょうちょう》という鳥の名前が出されています。この共命鳥というのは、一身双頭《いっしんそうとう》の鳥だそうです。胴体は一つで頭が二つの鳥です。

共命鳥については、物語があります。頭が二つあるということは、思いが二つあるということですが、この思いが、なかなか一つにならないのです。右の頭は右の方の水を飲もうとすると、左の頭は先に左の方の餌《えさ》をついばみたいと思うわけです。しかしお互いに思いが違うと、引っ張り合いになるわけです。なかなか自由に動けないのです。それでとうとう片一方が、あいつの頭さえなかったらどんなに自由に思いのままに生きられるだろうと思い込んで、もう片方の頭をつっついて殺したのだそうです。

「さあこれで、これからは自分の思い通りに生きられるぞ」と喜んでいたら、殺したわけですから、だんだん腐ってくるわけです。頭は胴体につながっていますから、胴体も腐ってきます。胴体は一つですから、殺した方の頭にまでやってきます。結局、いのちを落としてしまうわけです。そういう物語がこの共命鳥について伝えられています。いろんなことを教えられます。

私どもがしてきたことは、ちょうど共命鳥の、となりの頭を殺した鳥そのものです。ここがこうなればもっと楽しく暮らせるのにとか、これをこういう具合に増やしたらもっと思いのままの生活ができるのにと、それにはこの頭が邪魔だ、この山が邪魔だとしてきています。邪魔なものは全部削り落として、思いのままに暮らそうとしてきた結果がいろんな公害問題です。地球温暖化の問題が、それを端的にあらわしています。

山陰《さんいん》の方へ行きました時に、会場が山の中腹のお寺でした。そのお寺の方が「あの柿を見て下さい」と言われました。まだ葉も実も青い夏の時に、葉が全部散ったそうです。青いままに散ってしまって、青い小さな柿の実だけがポッポッと付いているのです。「こんなことは初めてで、本当に不気味です」と言っておられました。普通は、紅葉して柿の実も赤くなってから葉が散るのですが、山陰のまだ緑がいっぱいの山の中でも異常なことが起こっています。

私たちが、こうなったら便利、こうなったらどんなに楽しかろうと、いろんなものを追い求めてきたその結果の温暖化です。それは、ちょうど自分の思いでとなりの頭を殺して、その結果、自分の方まで腐りかけてきたという姿そのものに思われます。共命鳥というのは、我々の娑婆《しゃば》の姿、私どもの現実の社会生活の姿そのものをかたどっているのではないでしょうか。そして、その共命鳥が頭二つのままに、しかも生き生きと生きていける世界、それが浄土の世界です。浄土のはたらきというものをあらわす一つの言葉として、浄土には共命鳥という鳥がいるということが説かれているわけです。

五　穢土を離れて浄土はない

浄土に対して穢土《えど》ということを言います。この世は穢土だから少しでも早く浄土にと思ってしまうのですが、実は、穢土を離れて浄土はないのです。穢土の現実は、人間関係がバラバラに崩れて、一人ひとりが依るべきものを持てずにいることです。閉じこもりや不登校、いじめなど、いろんな問題が起こっています。そういう現実に対して本当にそのことを深く痛心する、そういう痛心の心において願われたのが浄土です。つまり、願心の世界と言いましても、浄土は仏が勝手に自分の理想の世界をお造りになったということではなく、どこまでもこの現実の人々の苦悩に応《こた》える世界、その苦悩を受け止めて、共に生きていける世界を成就しようというのが浄土です。

弥陀の浄土は四十八願と説かれている『無量寿経』というお経は、長い歴史があり、今までに十二回も翻訳されています。そのうち五つだけが残っているのです。その古い経典、これはちょっと長い名前ですので『大阿弥陀経《だいあみだきょう》』と略称するのですが、それから『平等覚経《びょうどうがくきょう》』、これには本願が二十四しかありません。二十四願経です。そして、それが『荘厳経《しょうごんきょう》』という経典になりますと、三十六願に増えています。そして『如来経《にょらいきょう》』という経典と『無量寿経』という経典では、本願が四十八となっています。

ですから、経典が一つの歴史を持っているわけです。本願も二十四から三十六、三十六から四十八と増えてきています。当然、四十八願には誓われてあることが、二十四願経では誓われていないとか、はっきり別に立てられていないとか、いろいろ出入りがあるわけです。しかし、全体を通じて、全て出発点、つまり第一願はみんな同じです。

その出発点は、「国に三悪趣《さんまくしゅ》なからしめん」という願です。「地獄《じごく》、餓鬼《がき》、畜生《ちくしょう》の三悪趣なからしめん」ということで、無三悪趣《むさんまくしゅ》の願と言われています。ですから、二十四願の場合も、三十六願の場合も、四十八願の場合も、どこから出発しているかと言ったら、三悪趣の悲しい現実です。三悪趣の悲しい現実というものをしっかりと見つめられ、三悪趣に応えられているわけです。なんとか三悪趣のない世界を開かなければ、人が人として生きていくことはできないではないかということです。そういう願心を起こされてくるのです。

そして、それをどう成就していくかという歩みの上で、二十四になり、三十六になり、四十八にまでなってきているのです。三悪趣という、この私どもの現実生活、穢土の現実にどこまでも足をつけて、そのあり様というものを深く痛み、その痛む心において誓われ、願われてきた世界が浄土なのだということが教えられるわけです。

それならば、浄土というものが究極的にはどういうことを開いていく世界なのかということを、親鸞聖人は『教行信証』の真仏土巻《しんぶつどのまき》で真実浄土、真実報土《ほうど》ということで明らかにされます。その真実報土の報土というのは、願に報《むく》いて成就した世界ということです。報いるとは、誓われた願い、その願いに報いて開かれた浄土ということです。親鸞聖人は第十二番目の願「光明《こうみょう》無量《むりょう》の願」、第十三番目の願「寿命《じゅみょう》無量《むりょう》の願」、この二つで真実報土というものを明らかにしておられます。光限りなしということと、いのち限りなしという、この二つの願です。

この光明無量ということから、どういう世界が開かれてくるのか、それは「諸仏《しょぶつ》の国土を見出す」と十二願の言葉の中で押さえられています。ですから私たちが浄土に生まれるということは、限りない諸仏の浄土を見出すということです。言い換えますと、一人ひとりが仏法、お念仏の心においてその人生を輝かせて生きておられる、その一人ひとりのいのちの事実を尽くして生きておられる、その尊さに目覚めていくのです。そこに光明無量ということが押さえられています。

それから寿命無量ですが、人がそれぞれその身を見出して、経典の言葉をあげますと「すべて共に集会《しゅうえ》して」（真宗聖典三一―三二頁）とあり、すべての者が共に集うということです。共に心を通《かよ》わせ、お互いを思いやりながら生きていけるということです。いのち限りなしということは、私のいのちが限りなく続くとか、広がるということではないのです。限りないいのちの歴史と限りないいのちのつながりをこの身にいただいていることに目覚めることです。

だから私のいのちを大事にするということは、私の思いを大事にすることではないのです。私のいのちを大事にするということは、私のいのちを私にまで伝えてくださった限りない人々の歴史に深くうなずくことです。そこに初めて我が身をいただくということが起こるのです。我が身をいただき、我が身を本当にかたじけないものとして尊ぶのです。そういう世界が開かれなかったら、人生は空《むな》しいではないかということです。

自分にどれだけのものをかき集めても限りがあるのです。集めれば集めるほど、いのちの間際《まぎわ》に格闘しなければなりません。未練と闘《たたか》わなければなりません。そうではなくて、この身にいただいているものが、どれだけ長い歴史とどれだけ広いつながりをもったいのちであったか、限りないいのちをこの身にいただいている、そのことの目覚めを寿命無量と言われているのです。だからこそ共に集会できるのです。別々ないのちのものならば、共に集うということはないのでしょう。

六　はたらきかけてくる浄土

私は、水平社運動の歴史をになわれた西光万吉《さいこうまんきち》（一八九五～一九七〇）という方の言葉が、この光明無量、寿命無量という言葉を受け止めた言葉として理解しているのですが、その西光さんが書かれたと言われております『水平社宣言』の結びに「人の世に熱あれ、人間に光あれ」という言葉があり、その願いを叫んでおられます。これは西光さんが、この光明無量の願、寿命無量の願を自分自身の言葉であらわされたものではないかと思います。

それを、さらに藤元正樹《ふじもとまさき》（一九二九～二〇〇〇）という私の友達が「人の世にいのちのぬくもりあれ、人間にいのちの輝きあれ」という言葉で押さえてくれました。どれだけ便利になろうと、どれだけ個人的に豊かになろうと、生きている社会にいのちの温《ぬく》もりがないというならば、それは本当に耐え難い生活になるのではないでしょうか。

人の悲しみが少しも感じとられず、お互いが自分の利害のところでしか動かない、そういう社会になったら、私たちが本当に人間として生きていることに喜びを感じ、恩を感じながら生きるということは生まれてこないのではないでしょうか。私たちに生きていることの喜び、生きていることの深い恩を知らしめる、そういう知恩《ちおん》の心でうなずいていける世界を成就したいと、そういう願いにおいて誓われているのが弥陀の浄土です。

ですから、浄土に目覚めるということは、私たちが本当に願わなければならない、求めていかなければならないあり方がどういうあり方なのかを知らされるということです。と同時に、私たちの生活がいかに三悪趣のあり方をしているのかが深く教えられるということ、そういうことが浄土のはたらきとして生活の中に私を支えてくださるのでしょう。そういうことをあらためて強く感じます。

そこに浄土を見出し、願生者《がんしょうしゃ》として親鸞聖人は人生を生きていかれたのです。その人生を通して「すべての人間は浄土を求めて生きているものなのだ。意識していようと意識していまいと、いのちが求めているものは、浄土という名で願われている世界なのだ」と親鸞聖人は私たちに伝えてくださっています。

親鸞聖人は「敬《うやま》いて一切往生人等《おうじょうにん》に白《もう》さく」（真宗聖典二〇〇頁）と言っておられます。つまり、すべての人間は往生人だということです。往生浄土の道を歩んでいる者なのだということです。一切というところには、そのことに目覚めて歩んでいる人、今初めて目覚めて歩み出した人、そして残念ながら、まだ目覚めていないけれども、そのいのちの叫びとして実はいのち自身が浄土を求めている、そういういのちを生きておられる人、そういう意味で一切の人は往生人であると言っておられるのです。そして「敬いて白さく」と、すべての人に向かって「敬って申し上げます」と親鸞聖人は言っておられます。

そういうはたらきを促《うなが》すということが真仏土、真実の報土です。浄土は、一切の人に向かってはたらきかけていく世界なのです。そのはたらきを親鸞聖人は方便化身土《ほうべんけしんど》として顕《あきら》かにしてくださっています。真実の浄土とは、実は限りなく方便していく浄土だということです。方便していくということは、すべての人にはたらきかけていく浄土だということを、親鸞聖人は示してくださっているように思います。浄土という問題は、いろいろと言わなければならないこともありますが、私は今、根本的にはそういうことのように思っています。

方便の浄土（化身土）

一　方便とは

「化身土巻《けしんどのまき》」は正式には「顕浄土方便化身土文類《けんじょうどほうべんけしんどもんるい》」と言います。この「方便」という言葉に反論された方の一人に、日蓮上人《にちれんしょうにん》がおられます。

日蓮上人は激しい情熱をもって辻説法《つじせっぽう》をなさり、『法華経《ほっけきょう》』を伝えていかれました。その日蓮上人がお書きになりました書物の一つに『立正安国論《りっしょうあんこくろん》』というものがあります。文字通り、正しい教えを立てて国を安んずる願いをもって書かれたものです。内容は「現在わが国には、正しい教えを軽《かろ》んじ、誤《あやま》った真実ならざる教えを押したてている者がいる。そのためにわが国は乱れ、飢饉《ききん》が起こり、人々が苦しんでいるのだ。だから今こそ、正しい教えが説かれている法華経を尊ばなければならない」というものです。

この書物は、旅人がやってきて、その家の主人と話をするという形で説かれています。旅人ですから、全国の状況を見てきたわけです。日本中に飢饉が起こり、多くの人が苦しんでいる。そして、どこでも争いごとが絶えないという悲しい状況を家の主人に語るわけです。すると家の主人が「当然そうだ。それは正しい教えを大事にしないからだ」というように、物語のような形をとっております。

正しい教えとは、真実の経典である『法華経』と、それをお説きになられた久遠《くおん》の釈迦《しゃか》如来《にょらい》です。その釈迦如来を軽んじ、阿弥陀仏《あみだぶつ》一仏を押したてて、方便の経典である「浄土三部経《じょうどさんぶきょう》」をいちばん尊いものとして、それによって教えを広めている具体的には法然上人《ほうねんしょうにん》、その法然上人の言うことが国の災《わざわ》いになっている。だから法然上人を抹殺《まっさつ》し、法然上人の説かれた教えをしりぞけなければならない、ということが書かれているのが『立正安国論』です。それが当時の鎌倉幕府に建白書《けんぱくしょ》として提出されました。

そこには、方便というものは真実を明らかにするまでの仮の説法であり、真実が説かれたら、もはや依るべき経典ではないという考えがあるわけです。

ところが、親鸞聖人《しんらんしょうにん》が伝えてくださいました教えは、方便ということを深くいただく教えです。御本山からいただかれます御本尊《ごほんぞん》の裏側には「方便法《ほうべんほっ》身尊形《しんのそんぎょう》」と書かれていますように、御本尊も方便法身の仏であります。それからお念仏が説かれていますす第十七願も、方便のご誓願と言われています。ですから、御本尊もお念仏も方便なのです。

しかし親鸞聖人は、方便の心、方便ということをはっきり受け取ることができないでいることが、仏教が次第に輝きを失う大きなもととなっていると言っておられます。仏教というものを学びながら仏教の心から背《そむ》いていく大きな原因に、方便の心を知らないということがあると、方便ということを強く言っておられます。

その時の方便ということは、日蓮上人の言われている方便とは大きく意味が違ってくるわけです。その方便とは、本願《ほんがん》の歩みなのです。本願がこの私の上にまで歩み寄ってくださる、そしてこの私の問題にかかわりあってくださり、私の上に真実の教えを成就してくださる、その真なるもののはたらさを方便と言うのだと教えてくださっています。

『教行信証《きょうぎょうしんしょう》』においては五番目が「真仏土巻《しんぶつどのまき》」、六番目が「方便化身土巻」です。日蓮上人が言われるような方便なら、「方便化身土」が先で、「真仏土」が後であるはずです。真の世界に入っていくための道として方便という仮の姿があり、方便を通って真実ということになります。しかし、親鸞聖人は逆に書いておられます。まず真仏土を明らかにされております。真の浄土が私たちの生活の中に歩み、私たちの生活を照らし出し、私たちのあり方というものを真実の智慧をもって照らし出してくださるのです。そのはたらきのすべてを方便と言います。ですから、真実のはたらきを方便と言われています。そこに、真仏土を通して方便の浄土が開かれていくわけです。

『仏説無量寿経』に四十八願が立てられていますが、その願の中心が第十八番目の至心信楽《ししんしんぎょう》の願で、真実の願です。そして第十九番目が至心発願《ししんほつがん》の願、第二十番目が至心回向《ししんえこう》の願で、方便の願としてあげられています。この場合も真実から方便です。方便から真実へではありません。第十八願をもって明らかにされた真実の願心というものが、どこまでも私たちの上にはたらきかけてくださるのです。第十八願の歩みが第十九、二十の願です。そして第十九、二十の願によって開かれている浄土を、方便化身土と言います。その方便化身土を親鸞聖人は顕《あきら》かにしてくださっています。

方便とは、真実の歩みをあらわす言葉です。そのことを顕かにしてくださいましたのが、親鸞聖人の教えです。そこでは、どこまでも私に寄り添って、私たちのために応《こた》えられていくのです。仏さまには皆お浄土があります。諸《しょ》仏《ぶつ》の浄土と言いますように、仏さまはそれぞれに一つの世界を開いておられます。しかし、その諸仏の浄土は仏のさとりの世界です。さとりの境地《きょうち》を開いておられるのが、諸仏の浄土の内容です。その浄土のいのちはさとりです。その世界は、そのさとりを同じくするものだけが入れる世界になっています。

その浄土に入りたかったら、同じさとりを開くということになっています。

ところが阿弥陀の浄土は、さとりの世界ではなく、本願《ほんがん》の世界です。すべての人々の上に浄土を成就したいという願いをもって開かれている世界が、阿弥陀の浄土です。ですから、阿弥陀の浄土のいのちは願いです。

仏には、法身《ほっしん》と報身《ほうしん》と応身《おうじん》と、三つの身というものが説かれています。法身とは、法そのものです。つまり、真なる存在ということです。報身とは、報《むく》いるということで、願いに報いて成就した身です。応身、応化身《おうけしん》とは、どこまでも人々に応じて、人々に応えて、人々と一つになってはたらく身ということです。具体的には、人の形をとってはたらく身です。細かく言いますと、応身が人の形、化身は人の形ではなく違った形です。

そしてその仏は、それぞれが座っておられる仏座《ぶつざ》、立っておられる座であらわします。ですから、身と座は一つにつながっております。報身の場合は、蓮華《れんげ》の上です。報身とは阿弥陀如来です。ですから御本尊は蓮華座、蓮華の上に立っておられます。応化身は、草の座です。草とは、人々のいのりです。人々のいのりを自らの座として立っておられるのが応化身です。このように仏の身と仏の座はきちんと決まり、つながりがあるわけです。報身が阿弥陀如来、応化身が釈尊《しゃくそん》です。

二　仮令の誓願と果遂の誓い

たとえば『観無量寿経《かんむりょうじゅきょう》』（観経《かんぎょう》）の中に、王舎城《おうしゃじょう》の王子である阿闍世《あじゃせ》が父である王・頻婆娑羅《びんばしゃら》の命を奪って、自らが王になるという事件があります。阿闍世は、父である王を助けようとした母・韋提希夫人《いだいけぶにん》の命を奪おうとするのですが、大臣に止められ、命だけは奪わず牢《ろう》に閉じ込めます。その牢の中で嘆《なげ》き悲しみ、救いを求めている韋提希の心を受け取って、釈尊が牢獄《ろうごく》の中に姿をあらわされます。

いわゆる牢獄の中に降臨《ごうりん》という言葉が使われています。降臨の釈尊ですが、『観経』の場合、その釈尊が「蓮華に坐《ざ》したまえり」（真宗聖典九二頁）と書いてあります。本来なら、応化身の釈尊ですから「草の座」に坐しているはずのものです。これはなにをあらわしているかといいますと、釈尊が弥陀の本願をいのちとして韋提希の前にあらわれておられるのです。釈尊自身が弥陀の本願に恭敬《くぎょう》して、韋提希の前に姿をあらわしておられるのです。その願い、願心、弥陀が明らかにされた願心をいのちとして釈尊は王宮《おうぐう》にあらわれ、どこまでも本願をいのちとして立たれているのが『観経』です。釈尊が「蓮華に坐したまえり」とあるのは、このことを象徴的にあらわしているのです。

いわゆる弥陀の本懐《ほんがい》というものは、本願の世界です。浄土の経典はすべて、本願をいのちとして説かれたものです。本願、願いをどこまでも尽くそうとするその歩みが、方便化身土という姿をとり、そういう世界を開いてくるのです。

親鸞聖人は、第十九願を「仮令《けりょう》の誓願」、第二十願を「果遂《かすい》の誓い」という言葉でその願心をいただいておられます。その仮令の誓願の「仮令」という言葉の意味は、「本来ではないけれども、もしどうしてもそれが必要ならば」ということです。つまり、どこまでも寄り添う心、すべての人々の現実の姿にどこまでも寄り添っていこうということです。本来の教えからすればそれは本筋ではないけれども、人々に教えが伝えられなければその教えはなんの意味もないものになります。どこまでも相手の、衆生《しゅじょう》の現実の姿に寄り添っていくのです。

こちらの条件を相手に押し付けるのではなく、徹底して相手の事実を受け入れていくのです。相手の事実を受け入れながら、そこに寄り添って本願を伝えていこうとする心が「仮令の誓願」です。親鸞聖人は、自分自身にどこまでも寄り添っていてくださる心を「仮令の誓願」と言っておられます。

「果遂の誓い」は、果たし遂げるまではどこまでも見放さないということです。人々が本願に目覚める、真実の教えに生きるという歩みが始まるということが本当に成り立つまでは見放さないということです。その願いをどこまでも果たし遂げようという願いの呼びかけを、親鸞聖人は「果遂の誓い、良《まこと》に由《ゆえ》あるかな」（真宗聖典三五六頁）と感動を持って語っておられます。

ですから、どこまでも私に寄り添い、どこまでも私を見放さずに、私が本願に目覚めるまでは、はたらきかけてやまない本願の歩みが開かれているのが方便化身土です。このことを親鸞聖人は第十九、第二十の願をもって方便化身土ということを開いてくださっています。それは私たちにとって、どこまでも見放さない心です。

今の子供たちは、たとえ親の愛といっても全部条件付きではないかということを言います。親の求めているあり方をしている時は親は自分を愛してくれるが、親の期待を裏切るようなことをしはじめると、いっぺんに親の愛情というものが消えていく、という話を今の若い人が言っておりました。結局、親なら親の持っている条件に合う限りでしか受け入れてもらえないということであれば、それはやはりつらいことです。自分が少しそれに背くあり方をしたら、ただちに冷たい目で見られるのです。見捨てられるのです。

そういうことですと、私たちは相手の言葉を聞くことはできないわけです。それが、どれだけ言っても言うことを聞かないということになってくると、最後は見放されるわけです。そういう恐れを、今の子供たちは非常に深く抱えています。それは子供たちが起こす犯罪のたびに、子供たちが自分の気持ちを「自分も同じような思いがある」というようなことを書いていることにあらわれています。その中にあるのは、全部条件付ではないかということです。

実際、私たちは自分の子供に対しても、こちらが物差《ものさ》しを持っています。その物差しで相手を、子供を測り、そして物差しで測れるあいだは良い子だとします。しかし物差しで測れなくなったら、とんでもない子供だということにどうしてもなってしまいます。そういうことを、今の子供たちは見ていると思うのです。

第十九願は、どこまでも自分のあり方に寄り添ってくださるのです。自分の物差しを押し当てるのではなく、どこまでも自分の物差しを捨て、私のあり方に寄り添ってくださるはたらきです。そういう願のはたらきを「仮令の誓願」と言います。「もしどうしてもそうする必要があるのなら、そういう姿をとりましょう」という言葉が「仮令」ということです。

もしどうしてもそういう姿をとらなければあなたにわかってもらえないのなら、その時にはあなたの求める姿をとりましょうということです。それは本来の姿ではないけれども、しかし、その姿を通さなければわかってもらえないなら、あえてそういう姿をとりましょうという誓いが「仮令の誓願」です。

昔の言葉では「さもありぬべくは」というのが、「仮令」ということです。

つまり「どうしてもそうでなければならないのならば」ということで、これは具体的には臨終来迎《りんじゅうらいこう》という第十九願です。本来、臨終来迎の姿をとる、臨終の人の前に姿をあらわすということはありません。しかし、そういう姿を通さなければ本願に出遇《であ》うことができないならば、あえてそういう姿をとろうというのが「仮令の誓願」です。

そして「果遂の誓い」ということは、どこまで言っても目覚めてくれない、伝えても伝えても言うことを聞いてくれない、その空《むな》しさにどこまでも耐え、かかわり続けずにはおかないという誓いです。ここには仏法、本願の教えに遇いながら、いかに本願に生きることができずにそのまま生きている事実、そういうわが身の事実を照らし出された深い驚きを、親鸞聖人は「果遂の誓い」という言葉にあらわされていると言うべきかと思います。

ですから、浄土のはたらきはなにかと言いますと、浄土が私たちの生活の中にはたらきかけてくださる時、私たちの持っている偏《かたよ》りが明確になることです。そういう姿をあらわしてもらえなければわからないという傾向性、人間のもっている偏りにどこまでも寄り添い、寄り添うことを通して、いかに私が偏ったあり方をしているか、そういう私のあり方を照らし出してくださるはたらきです。

いつ振り返ってみても、いつも私のほうを見守っていてくださる、そういう眼差《まなざ》しがあります。そして、どこまでも私に寄り添い続けてくださっている姿があります。しかも、そこに貫いているものは深い悲しみです。本願の悲しみです。

真なるものをただ真のままに伝えても受け取れない、どこまでもそういう偏りを持っている、どこまでも自分の思いに閉じこもっている、そういう人間の現実、私のあり方に対する深い悲しみの眼をもって私を見守っていてくださるはたらきです。

悲しみの心をもって私に寄り添ってくださっている心にふれる時、初めてこの私の上にも自分自身を悲しむ、自分自身のあり方を深く悲しむ心が呼び覚まされてくるのです。上の方から言われたら、自分のあり方を悲しむという心より、逆に反抗の気持ちが強くなります。

しかし、私のあり方をどこまでも悲しみをもって見守っていてくださるという心にふれた時、その人を悲しませることはするまいと思います。たとえば、親が深い悲しみをもっていつも私を見守っているという心にふれた時、そういう親を悲しませていた自分というものが初めて深く悲しまれてくるのです。

三　自分のあり方を知る

自分自身を悲しむという心、それを呼び覚ましてくださるのが浄土のはたらきです。だから親鸞聖人は「化身土巻」のところに、自らを深く悲しむ悲《ひ》歎《たん》の言葉を置かれているのです。そして化身土を通して、自分の現にあるあり方そのもの、自らの分限《ぶんげん》を知るということを繰り返し言っておられます。そういう浄土のはたらきというものは、私の中に私自身のあり方を深く悲しむ心を呼び覚ましてくださる世界です。

なにか方便化身土と言いますと、それこそ地位の一段低い世界のように思ってしまうわけですが、決してそうではなく、大悲《だいひ》の心をもって私を見守り、私に寄り添ってくださっている世界です。

親鸞聖人は、第十九、第二十の方便の悲願のところに「すでにして悲願《ひがん》います」（真宗聖典三二六、三四七頁）と言われています。「すでにして」とは、気付いてみたらずっとそうだったということです。気が付いてみたらずっと私を見守られ、ずっと私に寄り添ってくださっていたのです。「すでにして悲願」、方便の願こそ大悲の願なのです。

どこまでも救わずにはおかない、相手に応えずにはおれないという方便の願こそ、弥陀の大悲の願心なのです。そこに「すでにして悲願います」という言葉で、親鸞聖人は感動をあらわしておられます。私たちが生きていく中で、常に私を見守り、私に寄り添っていてくださり、そして深い悲願をもって見守っていてくださる世界があります。

「化身土巻」の言葉を通して、あらためて気付かされることは、いかに私たちが「思い」に生きているかということです。私もこれだけ長い年月を生かしてもらってきて、なにをしていたのかと思いますと、どうも人生という事実を生きてきたのではなくて、自分の思いをしっかりと握り締めて、思いを生きてきたのではないかということです。人間は、思いを自分自身として生きているのではないかと思われるわけです。

たとえば、インターネットによって自殺者を募《つの》り、集団自殺するという事件がありました。インターネットで自殺の方法までも教えてくれるそうです。しかし、インターネットで知り合い、一度も顔を見たこともない人と一緒に死を選べるということは、一人の人間が自らの人生を終える時、それはどういう心なのでしょうか。それこそ自分の全存在をかけて選ぶはずですが、そういう選びをまったく顔も見たことのない者と一緒にできるということは、それは自分の思いを自分自身として生きているということではないかと思います。

だから自分の肉親、家族でも、自分の思いを理解してくれない者は赤の他人なのです。まったく今まで顔も見たことのない人でも、自分の思いを理解してくれる人は一緒に死ねるほどなのです。いつも顔をあわせて一緒に暮らしている人、かかわりをもって生活してきた肉親よりも、すっと自分の思いが通じる他人の方がいいのです。そこまで私たちの生き方が思いというところに立ってしまっている、そういうことの一つのあらわれではないかと思います。

私たちの先祖は、親鸞聖人の教えに生き、罪悪深重《ざいあくじんじゅう》という身を生きられました。自分の思いが通らない、その事実の前には頭を下げるしかないというのが深重という感覚なのです。深重という事実、いのちの厳しさ、人生の厳しさというものを、昔の人は身体《からだ》に感じながら生きていかれたということがあります。この頃では深重という感覚、感じ方というものはありません。特に若い人は「なんとかなる」という感覚です。

小児科の医師で、仏教にも造詣《ぞうけい》の深い梶原敬一《かじわらけいいち》先生によりますと、いのちの問題の中で遺伝子ということがあるそうです。人間の身の上に起こってくることが全部、遺伝子によって組み込まれているというのです。そうだとすれば、老いていくのも遺伝子のはたらきであり、死ぬということも死の遺伝子、死にいたらしめる遺伝子が人間の生命には組み込まれているというのです。

だから研究して、人間を老化させる遺伝子、人間を死にいたらしめる遺伝子を見つけ、その遺伝子を取り除いたら老いもせず死にもせず、人間の永遠の夢であります不老不死《ふろうふし》が実現するのではないかということで、真剣に研究が行なわれているという警告をしておられます。

では、死なないようになったらどうなるのでしょう。死にたくはありません。死ねと言われたら困りますが、死にたくはないけれども死ねない、永遠に生きていかなければならないとなると、どういう人生になるのでしょうか。一日になんの意味もなくなるのではないでしょうか。そういう生活には、感動も感激もないでしょう。永遠に続くのなら、そのうちになんとかなるといって過ごしてしまうのではないでしょうか。

科学者はそういうことは考えずに、こういう可能性を実現させようと夢中になっておられるようです。それが人生にどういう問題を引き起こしてくるのかは、心の問題として残ります。今日、平均寿命が二年ほど延びただけでも、老後をどう生きるかが大問題になっています。それが永遠に続くということになれば、本当にどうして生きていくかということを思います。

北海道で「おむかえくすべ」という言葉を教えていただきました。死、お迎えのことで、「ようお迎えが来てくださった」という意味だそうです。昔の人は、そういう死ぬという事実をきちんと受け止めながら生きていかれました。お迎えに来ていただくなどは、非常にユーモアがあります。ただ頭を抱えて死が来たということではなく、お迎えに来ていただいたという受け止め方です。

そういう受け止めだからこそ、一日一日を大事に生きようということになります。そういう知恵が昔の人にはあったのです。だけどそういうものが全部、自分の思いの心で生きはじめると消えていくわけです。

四　濁世の群萌としての私

そういう思いというものが、いかに私たちに深く根付いているかということです。たとえば私たちが真実の教えに出遇っても、その教えを思いの心でとらえてしまいます。これが方便化身土なのです。本願の世界を自分の思いで受け取るのです。そして自分の思いで、本願の世界を思いの中に閉じ込めていくということがあります。

ですから、親鸞聖人は「化身土巻」のはじめに「しかるに濁世《じょくせ》の群萌《ぐんもう》、穢《え》悪《あく》の含識《がんしき》、いまし九十五種の邪道《じゃどう》を出《い》でて、半満《はんまん》・権実《ごんじつ》の法門に入るといえども、真なる者は、はなはだもって難《かた》く、実なる者は、はなはだもって希《まれ》なり。偽《ぎ》なる者は、はなはだもって多く、虚《こ》なる者は、はなはだもって滋《しげ》し」（真宗聖典三二六頁）という言葉を書いておられます。

これは「私たち」ということを押さえてくださっている言葉です。「群萌」の「萌」は種から芽生えたという意味ですから、群《むら》がりはえてきている姿を「群萌」と言います。厳密《げんみつ》には「萌」とは「未だ剖《ぼう》せざる相《すがた》」ということですから、要するに双葉に分かれる前、殻《から》をかぶっている姿ということです。

「群萌」という言葉は、ただたくさんの人ということではなく、覆われてあるものということです。

なにに覆われているかというと、自分の思いで覆われているのです。そのためにに事実が事実として受け止められないのです。全部、思いで解釈し、思いに合わせて受け取っていきます。だけども事実は思いのままになりませんから、必ず行き詰まり、絶望的な気持ちにおちいることを繰り返していきます。それを「群萌」と言います。

そして「穢悪の含識」とは、意識を含んでいるいのちということですから、そういう思いを持って生きている者ということです。そのように私たちのことが「濁世の群萌、穢悪の含識」という言葉で押さえられています。

その言葉に続いております「いまし九十五種の邪道を出でて」の「いまし」は「いまようやく」ということです。「九十五種の邪道」とは、私たちをいよいよ迷いの中に引き込んでいくような、お互いの自我をふくらませていくような道です。「半満・権実の法門」とは、仏道ということです。「半」とは、たとえば子供に教える時に、あれもこれも全部説明してもわからないから、子供が受け取れるところだけを中心に語っていくという意味で、半分だけ語るということです。つまり教えの中身も、すべてを説いてある教えと、相手が受け取れることだけを説いてある教えがあり、それを「満字教《よんじきょう》」と「半字教《はんじきょう》」と言います。満字教とは全部言い尽くしてある教え、半字教とは半分だけしか表現されていない教えということです。要するに、「いまようやく仏道の法門に入るといえども」ということです。

続いて「真なる者は、はなはだもって難く、実なる者は、はなはだもって滋希なり。偽なる者は、はなはだもって多く、虚なる者は、はなはだもって滋し」とありますが、真なる者、実なる者ははなはだ少なく、逆に偽なるものに走る者、虚なる者、空《むな》しい教えに落ち込んでいくことが限りなくあるということです。

ようやくこの教えに遇いながら、その教えをも自分の思いのところでとらえ、真の教えの心にふれないままに、空しく生きていく者がいる。その悲しみから「化身土巻」が書き出されております。そのように、人間が自分の思いをたよりとして生きていることへの悲しみです。

その思いのところでとらえた浄土を、一つは疑城胎宮《ぎじょうたいぐう》という言葉であらわされています。この胎とは母胎《ぼたい》です。母胎とは、その存在を包んでいる世界。いちばん理想的な、いちばん居心地《いごこち》のいい世界だそうです。赤ちゃんが養《やしな》われていくのが母胎ですが、その母胎の中に包まれて生きている時の姿というものが、いちばん心が安らいでいる姿だそうです。

日本で暮らしている外国の方が、日本の生活について話し合っておられる座談会の記録を読みましたが、その中で日本のお風呂について話していました。外国の横に寝るような形のバス（お風呂）とは違って、日本の膝《ひざ》を抱《かか》えて入るお風呂はどうも居心地がいいのだけれども、考えてみたら母胎の中にいた時の胎児の姿ではないのかと言っておられました。

ともかく、胎宮とは自分にとっていちばん心安らぐ、自分の思いが満たされる世界です。ですから、化身土とはつまらない世界ではなくて、経典によっては「受諸快楽《じゅしょけらく》」という言葉が書かれ、そこにおいては人々がもろもろの快楽《かいらく》を受けるとされています。

方便の世界の方便であるという願いを知らずに、逆に方便の世界をよしとして、自分の世界としてそこに沈《しず》みこんでいく、その時のその人のあり方は「受諸快楽」、喜びを感ずる、自分の思いにとって快適な世界という意味が押さえられています。

五　自己満足の世界

それからもう一つ、懈慢界《けまんがい》ということが尋ねてあります。懈とは懈怠《けだい》、慢とは憍慢《きょうまん》ですから、懈怠憍慢なる者のおちいる世界という意味です。懈怠とは「なまける」ということですが、なにもしなくてごろごろしているのではなく、懈怠とは憍慢心です。憍慢心とは「俺がいちばんやっている」「俺がいちばん知っている」という、自分の愛情をほこる憍慢の心です。そういう憍慢な心が懈怠という姿をとるのです。

つまり、自分をよしとしている心です。自分をよしとしている心は、どれだけ一生懸命がんばろうと、聞法会にたくさん足を運び信心沙汰《しんじんざた》をしても、自分の思いを一歩も出られないということになり、自分の思いの中で自分の思いに合うところで聞くということになります。そして自分の思いで満足していきます。

ですから、懈慢界を説明する経典の言葉によりますと、その世界は七宝《しっぽう》の床が転々《てんでん》すると書いてあります。七宝とは仏法の世界をかたどるのですが、懈慢界という世界は七宝の床でできているのです。ところがその七宝の床は、そこに生まれた人が東を見たら、その目の動きよりも速く、すでに東の方へ七宝の床が回ってくるのです。後ろを振り向き西を見たら、その目の動きより速く七宝の床が来ています。それで非常に結構な世界だと、こういう表現がされています。

しかしよく考えてみますと、くるくる回るということは、その世界の床のすべてが七宝ではないということです。一部分だけが七宝の床ですから、それがくるくる回るのです。全部が七宝の床でできていたら回りもしないし、回る必要もありません。七宝の床が転々し、目の動きにしたがって、その目より速く、その目の向く方向に床が回っていると聞くと、なんと結構な世界だと思うのですが、よく考えてみますと悲惨《ひさん》な世界です。

その人は、見るところ見るところ七宝の床ですから、世界全体が七宝の床だと思い込んでいます。だけど、事実は一部分でしかありません。ほかのところの床は、どういうものでできているかは説いてないのでわかりませんが、少なくとも七宝の床ではありません。

つまり、そこにはなにが言われているかというと、自己満足ということです。事実にうなずいている世界ではなく、その人だけが「おれは七宝の床に生きているぞ」と満足しているのです。だけど事実はそうではなく、目が動いていない後ろはどういう床でできているか、事実は壁土かもしれません。ですから懈慢界とは自己満足の世界です。その人なりに満足している世界です。

しかし、その事実に気付かずに、その人は自己満足の中で「私はここまできたぞ」と自負しているのです。そういう自己満足におちいったら、実は一歩も歩みは始まっていないということです。

私たちは、聞法するにしても思いでしか聞かず、思いでしか見ません。蓮《れん》如上人《にょしょうにん》は「得手《えて》に聞く」「意巧《いぎょう》に聞く」と言われています。「得手に聞く」とは、自分にいちばん都合がいいように、「意巧に聞く」とは、心たくみに聞く、という意味です。自分自身の意識では先生の言われることをひたすら聞いているつもりですが、きちんと心たくみに自分に合わせて聞いています。そして、自分の思いにぴったりくるところはいい話だといって満足し、自分にぴんとこないところは聞き流しています。

そのことを、蓮如上人は「得手に聞く」「意巧に聞く」と繰り返し言われ、注意されています。そういう世界は、どれだけ歩んでいるように見えても、実際は一歩も足が前に出ていない世界です。そういうことが、懈慢界ということで教えられています。

では、疑城胎宮の「疑城」ということはなにかと言うと、疑いは「不了《ふりょう》仏智《ぶっち》」という言葉で説かれています。「仏智をさとらず」ということです。疑いといっても、否定するということではありません。「それは違う」というのは疑いとは言いません。私たち日本人の場合、疑いとは否定するという傾向がありますが、仏教で「疑い」という言葉で言われるのは「猶予《ゆうよ》」ということです。執行猶予、判断猶予という言葉がありますように、疑いとは

「決まらない」ということです。

信ずるというのも、信じないというのも、これは一つの決定です。自分の態度が信じるという形で決まるか、信じないという形で決まるか、信と不信、これが決定した姿です。その中間にあるのが「疑い」です。信じているようだけれども、そうかといってすべてを任せているわけではないという、なにか態度があいまいな、見きわめがつかない、これが「疑う」ということです。

今の場合では、本願などあるか、そんなものはなにもないと否定するのではありません。仏智を否定するのではありません。しかし、仏智を自分の心でとらえるのです。信じているのは自分の心なのです。自分の思いです。

たしかに本願なら本願を聞き、本願を尋ねている姿はしていますが、本願に生かされているのではなく、本願を生きているという自分の思いに立っているのです。本願を信ずると言いながら、立場はどこまでも自分の思いの上に置かれています。こういう姿を「不了仏智」と言います。

自らの善根《ぜんごん》において仏智を信ずるのです。つまり、自分が積んだ善根をたのみとして、一生懸命に握り締めていますから、そこに仏智を口にしたり、仏智を求めていると言いながら、決して自分を投げ出してはいないのです。仏智に生かされていくのではなく、仏智を信じているという自分のあり方を一生懸命に握り締めているのです。

そして、私はこれだけ仏智を求め、仏智を聞き、ここまで仏智を理解しましたという自己満足のところに立ってしまうのです。浄土の光によって照らし出される時、私たちはいかにそういう思いをもって、よしとして生きているかが知らされてきます。

六　悲しむ心を呼び覚ます

私たちの思いで本願をとらえ、思いで建てた浄土、思いで取り込んでいる浄土の姿として「受諸快楽」、自己満足におちいるということと、自分の善根を信じ仏智に生きるという心が開かれないという「不了仏智」ということをお話してきましたが、もう一つ「不見三宝《ふけんさんぽう》」ということがあります。

仏・法・僧の三宝を「見たてまつらず」ということです。仏法に生きているのですから、そこに仏もおられるし、仏がお説きになられた法もあり、そして共に聞いている仲間もいて、三宝があると言われますが、仏といい、法といい、仲間である僧伽（サンガ）といい、全部「わが」というものが付くのです。

私の先生、私の先生の心、私が支えている会ということです。私が選んだ先生、私が選んだ先生の言われた言葉、私が支えている仲間、そこには仏法の集いでありながら、やはり立っているところは「わが」というところではないでしょうか。そのことが「不見三宝」ということです。三宝の中にあって三宝を見ないのです。なにを見ているかというと、自分の思いを見ているのです。そういうことが照らし出されていくわけです。

私たちは、縁があって聞法の会を続けてきています。それぞれの人がそれぞれにそういう相手を持っています。ところが悲しいことに、同じ親鸞聖人の教えを聞き、親鸞聖人の教えに生きると、その願いを持っているはずの集いが一つにならないのです。なぜかいろいろなグループに分かれていきます。自分と違う会に行っている人は、まったく違うということになります。

なぜ、そういうことになるのでしょうか。どういう場所で聞こうと、共に親鸞聖人の教えを聞いているなら、その教えのところで皆が一つに出遇っていかなければならないはずなのに、逆にいろんなグループに分かれていきます。そういう悲しみです。

社会のあり方を見ても、みんなが求めている平和、その平和を求める歩みがいろんなグループに分かれていきます。原水爆禁止というものはだれでも願うことですが、その願いに生きる人々の集いがやはり分裂しています。なぜそういうことになるのでしょうか。求めているのは皆がうなずきあうはずの願いでもあるにもかかわらず、その願いに生きる生き方が逆に壁を作りあっていきます。そういうことが仏法という世界にもあるのです。

そのことの悲しみを、親鸞聖人はずっと見つめておられます。なぜそういうふうになるのか、そこに押さえられている経典の言葉が「受諸快楽」「不了仏智」「不見三宝」ということです。仏法に生きているはずの私たちの歩みが、自分の思いから一歩も出ないということを、この三つの言葉に親鸞聖人が深く見つめておられます。

そういうことは、今日の私たち人類社会の大きな共通した課題でもありましょう。なぜこうも世界中が武力で争わなければならないのか。共に幸せを求めているはずです。だれも戦争で弾が飛びかうような人生を求めてはいません。にもかかわらず、そうなっていきます。それも、これが幸せを求める道だと、お互いに旗を振りあって分かれていき、対立していきます。そういう悲しみが、この化身土巻の中に深く尋ねられています。

掲げているプラカードは仏法であり、念仏であり、本願であり、また平和であり、平等ですが、掲げている心は「われこそは」という心ではないのかということです。そこではお互いに、われこそが真実に平和を求め、平等を求め、本願に生き、念仏している者だという自負心、自己満足におちいってしまっているのです。

それが、疑城胎宮とか懈慢界という言葉で教えられている世界を生きているということです。だからこそ親鸞聖人は、「この末代濁世の人々よ、どうか自分のあり方に深く目覚めてほしい」ということを化身土巻で繰り返し述べておられます。本願の力をもう一度深くかえりみてほしいということです。

私のあり方にどこまでも寄り添い、見放さず、語りかけ続けておられる本願の心にふれる時、初めて自らのあり方を深く悲しむ心が私に呼び覚まされてきます。その自らのあり方を深く悲しむ心だけが、自分というものを破っていく、人々と共にという世界を開いてくるのではないでしょうか。

今日、いちばん抜け落ちているものは、私たち人類が人類の生き方を悲しむ心です。私は私の心に生きているのです。その私のあり方を悲しむ心を失っているということではないでしょうか。その時には結局、どちらが本物かという言い争いにしかなりません。

そうではなく、自分が教えに遇いながら、それをいかに自分の思いの中に閉じ込めて生きているかを深く悲しむ。そういう心から、他の人の生き方を切り捨てるのではなく、それぞれの生き方に深く学びながら、願いを共にする世界を求めて歩むということが始まるのです。

それが方便化身土を掲げられている心だと、親鸞聖人は仰ってくださっています。浄土が私にはたらいてくださったおかげで、そういう自己満足におちいり、自らの思いで閉じているあり方が思い知らされ、そのことを悲しむ心を呼び覚まされるということを顕《あらわ》していてくださっています。それが、親鸞聖人が受け取られた浄土のはたらきだということで、最後に「方便化身土巻」をお書きになり、方便化身土という世界を顕してくださったのだと思います。

あとがき

　本書は、真宗大谷派小松教区出版委員会が「宗祖親鸞聖人七百五十回御遠忌法要」の記念事業として二〇一一年に発行した宮城顗氏著の『私にわかる浄土真宗　真実の教・行・信・証』を文庫化したもので、一九九五年から十二年間、小松教区内の寺院にて開催された公開講座のうち、六年にわたり親鸞聖人の主著である『顕浄土真実教行証文類』（『教行信証』）について語られたものです。

『教行信証』は、親鸞聖人が生涯をかけて推敲し続けられた書物で、「教巻」「行巻」「信巻」「証巻」「真仏土巻」「化身土巻」の六巻から構成され、真宗の根本聖典とされています。本書は、その『教行信証』の一字一句を解説するものではなく、『教行信証』の各巻が現在を生きる私たちに何を伝えているのかを、生活における身近な問題などをとおしてやさしく紐解いてくださっています。

親鸞聖人（一一七三―一二六二）が生きられた時代は、戦乱の世で争いが絶えず、また大規模な飢饉がおこるなど、混沌とした世の中でした。その中で、聖人は、誰もが皆斉しく救われる道を求められました。

人々の生活環境は、親鸞聖人の生きられた時代から大きく変貌を遂げています。しかし、苦悩する人間の根本問題は、今も昔も変わらないのではないでしょうか。殊に人間は、いつの時代にあっても、真実の依りどころを心の奥底で求めて止まないのではないでしょうか。そのことを親鸞聖人は、『教行信証』をとおしてあきらかにしてくださっているのだということを、本書の中で宮城氏は丁寧に問い尋ねてくださっています。

本書をきっかけに、親鸞聖人のあきらかにされた教えにふれ、一人でも多くの方が、自らの生き方を問い直し、お念仏に生きる生活が始まる機縁となることを願っております。

最後になりましたが、このたびの文庫化に際して発行をご快諾いただきました、宮城ヨモエ様、本福寺住職の宮城朗様、また真宗大谷派小松教区の皆様に厚く御礼申し上げます。

なお、文庫化に際し、表題や小見出し、また若干の語句の修正を行いました。本編集の責任は、東本願寺出版にあることを申し添えます。

二〇一八年五月

東本願寺出版

宮城　顗（みやぎ　しずか）

1931（昭和６）年、京都市に生まれる。

大谷大学文学部卒業。元真宗教学研究所所長。真宗大谷派本福寺前住職。九州大谷短期大学名誉教授。

2008年11月21日逝去。

著書に、『生まれながらの願い』、『宗祖聖人　親鸞—生涯とその教え』（上・下)、『真宗の基礎』、『真宗の本尊』、『生と死』、『人と生まれて』、『仏道に生きる』、『本願に生きる』、『和讃に学ぶ—浄土和讃・高僧和讃・正像末和讃』（全３巻)、『地獄と極楽』、法話 CD『汝、起ちて更に衣服を整うべし』（以上、東本願寺出版）等多数。

浄土真宗《じょうどしんしゅう》の教《おし》え—真実《しんじつ》の教《きょう》・行《ぎょう》・信《しん》・証《しょう》—

2018（平成30）年７月10日　第１刷発行
2022（令和４）年７月10日　第２刷発行

著　　者　宮城　顗
発 行 者　木越　渉
編集発行　東本願寺出版（真宗大谷派宗務所出版部）
〒600-8505　京都市下京区烏丸通七条上る
TEL　075-371-9189（販売）
075-371-5099（編集）
FAX　075-371-9211
印刷・製本　中村印刷株式会社
装　　丁　株式会社 188

ISBN978-4-8341-0584-1　C0115